Mindfulness
Atenção Plena no Movimento

Uma vida mais feliz, mais saudável com a meditação centrada no corpo

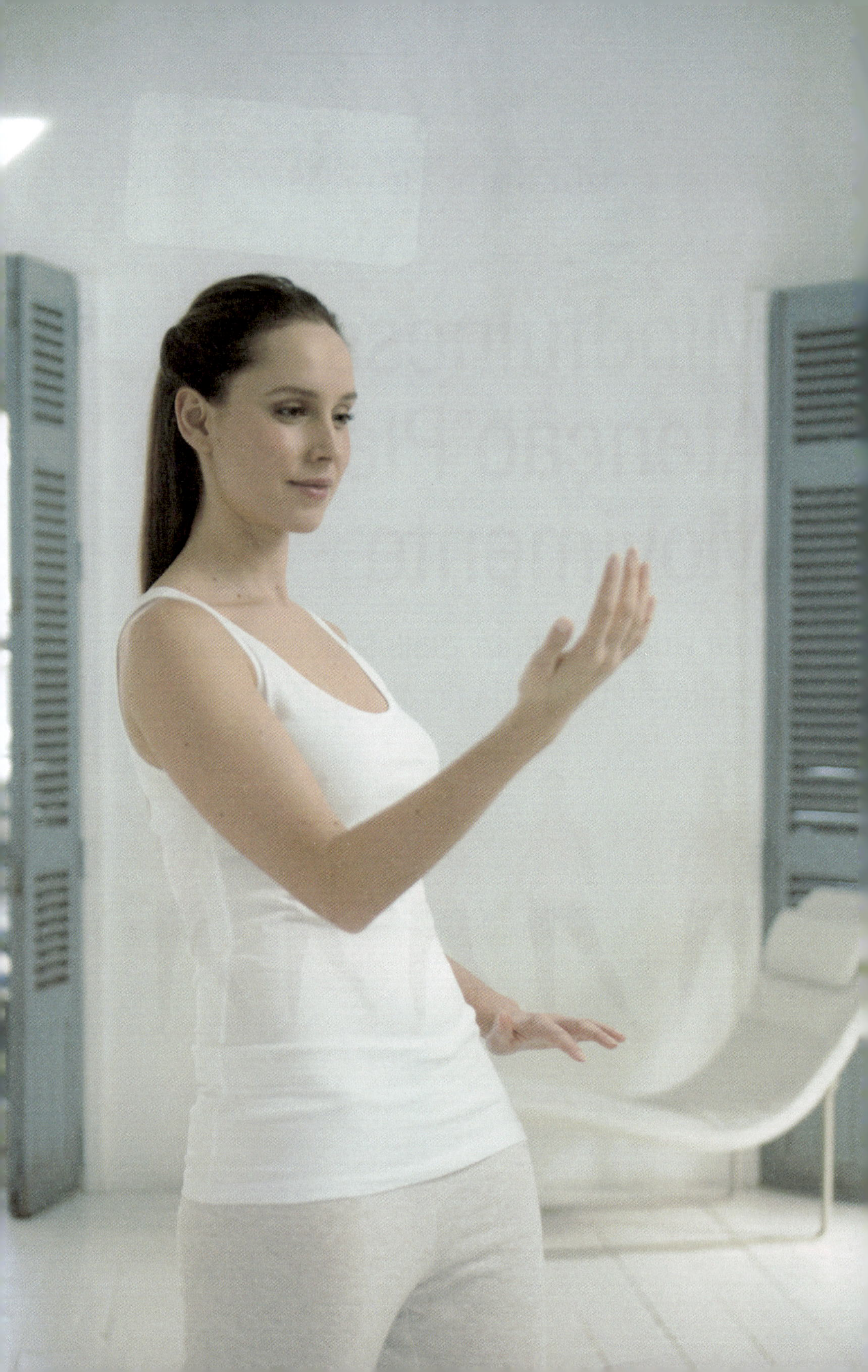

Dra. Tamara Russell

Mindfulness
Atenção Plena no Movimento

Uma vida mais feliz, mais saudável com a meditação centrada no corpo

Tradução:
Selma Borghesi Muro

MADRAS®

Publicado originalmente em inglês sob o título *Mindfulness in Motion*, por Watkins Media Limited.
© 2015, Watkins Media Limited.
© 2015, texto: Dra. Tamara Russell.
© 2015, fotografia comissionada: Watkins Media Limited.
Para direitos autorais de outras fotografias, veja a página 214, que deve ser considerada como uma extensão deste Direito Autoral.
Direitos de edição e tradução para o Brasil.
Tradução autorizada do inglês.
© 2023, Madras Editora Ltda.

Editor:
Wagner Veneziani Costa (*in memoriam*)

Produção e Capa:
Equipe Técnica Madras

Tradução:
Selma Borghesi Muro

Revisão da Tradução:
Soraya Borges de Freitas

Pesquisa de imagens:
Jennifer Veall

Revisão:
Ana Paula Luccisano
Silvia Massimini Felix
Jerônimo Feitosa

Dados Internacionais de Catalogação na Publicação (CIP)
(Câmara Brasileira do Livro, SP, Brasil)

Russell, Tamara
Mindfulness: atenção plena no movimento: uma vida mais feliz, mais saudável com a meditação centrada no corpo/Tamara Russell; tradução Selma Borghesi Muro. – São Paulo: Madras, 2023.
Título original: Mindfulness in motion: a new approach to a happier, healthier life through body-centred meditation.
ISBN 978-85-370-1130-0

1. Atenção plena 2. Corpo e mente 3. Meditação 4. Mindfulness 5. Mindfulness – Terapia cognitiva I. Título.

18-14737   CDD-616.891425

Índices para catálogo sistemático:
1. Mindfulness: Terapia cognitiva: Atenção plena: Meditação: Medicina 616.891425
Cibele Maria Dias – Bibliotecária – CRB-8/9427

É proibida a reprodução total ou parcial desta obra, de qualquer forma ou por qualquer meio eletrônico, mecânico, inclusive por meio de processos xerográficos, incluindo ainda o uso da internet, sem a permissão expressa da Madras Editora, na pessoa de seu editor (Lei nº 9.610, de 19/2/1998).

Todos os direitos desta edição, em língua portuguesa, reservados pela

MADRAS EDITORA LTDA.
Rua Paulo Gonçalves, 88 – Santana
CEP: 02403-020 – São Paulo/SP
Tel.: (11) 2281-5555 – (11) 98128-7754
www.madras.com.br

Nota do editor internacional:

As informações contidas neste livro não devem substituir o aconselhamento e tratamento médico profissional. Em caso de suspeita de gravidez ou de quaisquer condições médicas de saúde, recomenda-se que se consulte um profissional médico antes de seguir qualquer um dos conselhos ou práticas sugeridos neste livro.

A Watkins Media Limited, ou qualquer outra pessoa envolvida no trabalho desta publicação, não se responsabiliza por quaisquer ferimentos ou danos ocorridos como resultado da sequência das informações, exercícios ou técnicas terapêuticas contidos neste livro.

Índice

Introdução 9

Treinamento do Corpo na Mente **12**
Como usar este livro **21**

1 Uma nova forma de meditar 31

Seu corpo e sua mente **32**
As práticas de movimento **37**
BMT e o aprendizado
incorporado **39**
BMT e a neurociência **42**

2 Pausa 47

O desafio de desacelerar **48**
Movimento atento e a passagem
do tempo **61**
Aprenda a inibir seus movimentos **65**
Como tocar o presente **70**
Atenção Plena de suas emoções **76**

3 Intenção 83

O que é intenção? **84**
Como as intenções mudam ao logo
do tempo **90**
Intenção e o cérebro **93**
Consciência da intenção nos outros **98**
Treinamento da intenção **101**

4 Atenção 109

O que é atenção? **110**
Como treinar a atenção **114**
O holofote da atenção **122**
Importância da prática **126**
Atenção e interferência da emoção **136**

5 Hábitos Mentais 145

Mente errante **146**
Foco em si mesmo **150**
Movimento atento
e hábitos mentais **154**
Como encontrar e saudar
os macacos mentais **158**
Hábitos mentais e o cérebro **164**

6 Compaixão 175

Como acolher as emoções **176**
Como reconhecer pensamentos
difíceis **180**
Como criar espaço em sua mente **183**
Compaixão na cultura **188**
Compaixão no cérebro **191**
Tudo sobre nós **197**
Leitura complementar e outras fonte **200**

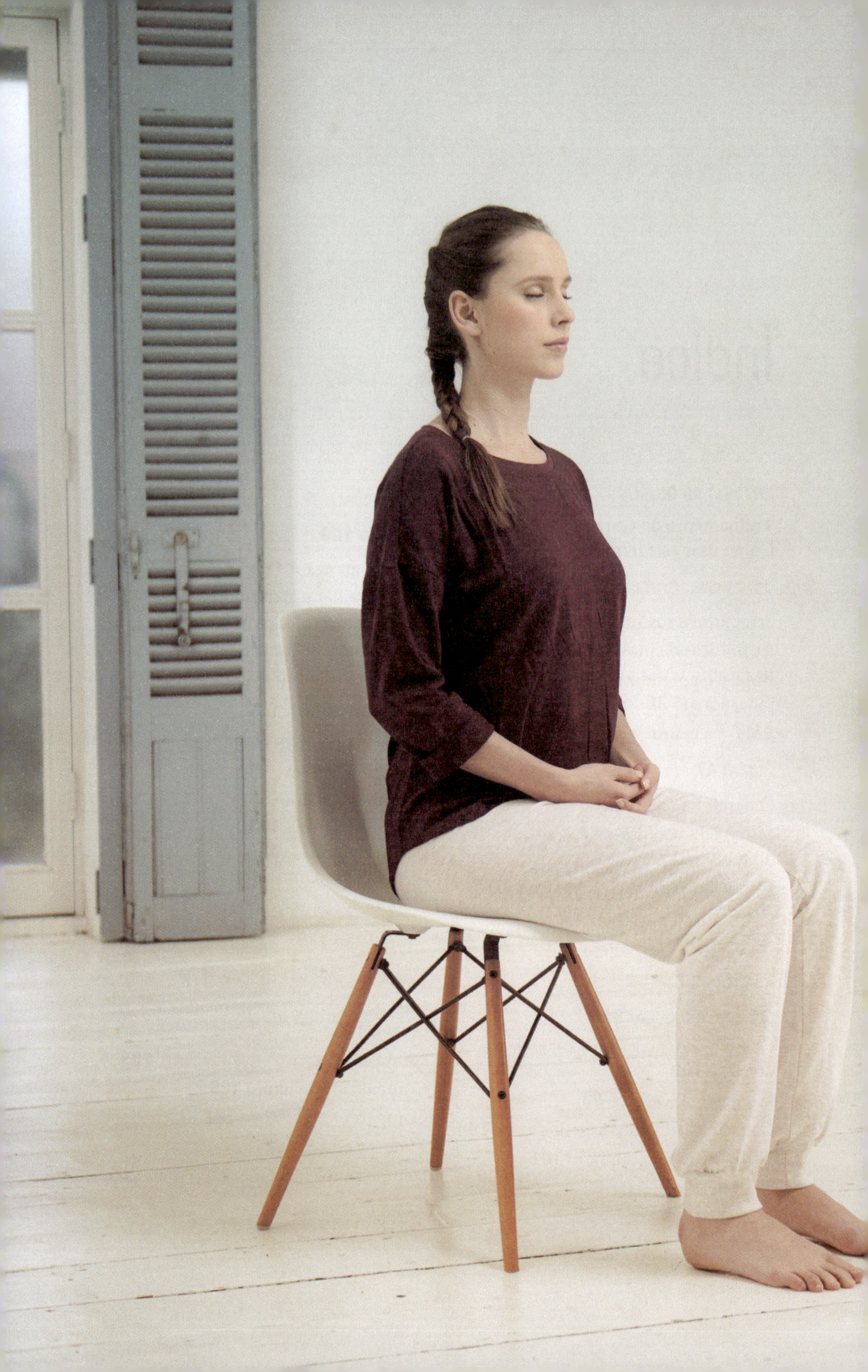

Introdução

Bem-vindo ao Body in Mind Training (Treinamento do Corpo na Mente) – uma abordagem única de mindfulness (atenção plena)[1] que usa o corpo em movimento como principal ferramenta de aprendizagem. Minha intenção neste livro é compartilhar com você as técnicas que descobri ao longo de minha própria jornada pessoal e profissional em busca de um eu mais feliz, mais saudável e mais integrado. Minha abordagem, que combina meditação com artes marciais e neurociências, é projetada para ser acessível a qualquer pessoa, incluindo aqueles que têm dificuldade com a meditação tradicional sentada ou que parecem não encontrar tempo para praticar em suas agendas lotadas.

---

1. N.T.: Mindfulness, técnica de meditação que tem origem nas práticas orientais – termo em inglês foi mantido em função das referências internacionais.

Como você está agora?

Tire um minuto para se parabenizar por encontrar, em sua agenda lotada, um tempinho para abrir este livro. Agora pare por um segundo, neste exato momento, e simplesmente respire. Como está seu corpo, de verdade? Onde está sua mente agora? Sua atenção está aqui no momento presente, ou já divagou para algum lugar, no passado ou no futuro?

Se você parecer um pouco comigo, sua mente está em atividade constante – julgando, comparando, planejando, analisando, ruminando e lembrando. Estamos sempre muito ocupados, o dia todo, pensando, pensando, pensando. Respondemos a infindáveis e-mails e telefonemas, lidamos com obrigações, responsabilidades, medos, preocupações, listas de tarefas e coisas por fazer. Mesmo dormindo, a maioria de nós não se desliga de verdade.

Nada disso surpreende, dado o ritmo acelerado do mundo tecnológico em que vivemos. Nossas mentes sobrecarregadas são constantemente bombardeadas com distrações e estímulos a todo o momento. Não sabemos onde focar primeiro nossa atenção, à medida que corremos de um lado para o outro, de uma tarefa para a outra. Continuamos a pensar mais e mais, na tentativa desesperada de tentar administrar a caixa de entrada lotada de nosso cérebro. Simplesmente não há horas suficientes no dia para fazer tudo. Desacelerar? De jeito nenhum! Na verdade, para a maioria de nós, a simples menção de diminuir o ritmo é aterrorizante.

No entanto, a forma como vivemos vem com um alto custo, tanto para nossos corpos como para nossas mentes. Ficamos desligados e desequilibrados, e perdemos de vista para onde estamos nos direcionando. Na pior das hipóteses, isso resulta em doenças mentais e físicas; na melhor, nossa vida passa em um piscar de olhos, enquanto operamos no modo piloto automático, sem noção, semana após semana. E antes de nos darmos conta, já se passaram dez anos.

Que tal se tivéssemos mais tempo e espaço em nossas vidas para as coisas realmente importantes? Como acalmar sua mente ocupada para ver e pensar com maior clareza? Imagine viver uma vida fácil e alegre, independentemente dos desafios que enfrenta.

Só em seus sonhos, certo? Mas e se eu lhe disser que essa amplidão e liberdade são realmente possíveis para todos nós? E se eu lhe disser que isso está em sua habilidade de se conectar mais completamente ao momento presente; que isso existe em um maravilhoso modo de ser que nós chamamos de "mindfulness"?

Vou guiá-lo passo a passo por meio do meu programa BMT (Body Mind Traing – Treinamento do Corpo na Mente), uma abordagem única de uma prática secular de mindfulness que usa o movimento corporal como a principal ferramenta de meditação. Essa abordagem pioneira surgiu de minha perspectiva única, trabalhando não somente como neurocientista com trabalhos publicados e psicóloga clínica atuante, mas também como instrutora de mindfulness. É o resultado de décadas de pesquisas, estudo clínico e prática, e ensino da prática, que me levam pelo mundo afora.

Atuar na vanguarda das disciplinas de neurociência, psicologia e artes marciais – não apenas como acadêmica e clínica, mas também como palestrante, instrutora e praticante – me deu uma enorme vantagem no campo em constante evolução da meditação mindfulness secular, pelo que me sinto imensamente privilegiada e grata.

Espero que à medida que compartilhe um pouco de minha especialidade e conhecimento neste livro, você também se sinta inspirado a se ocupar de seu corpo e de sua mente de uma forma nova e diferente, que trará as mudanças duradouras que você está buscando em sua vida. Vou tentar mostrar como, com um pouco de foco, determinação e prática, você também pode experimentar os incríveis benefícios da atenção plena. Você só precisará de coragem e curiosidade para fazer algo diferente – vontade de experimentar.

Treinamento do Corpo na Mente

Esta técnica de treinamento mental baseada no corpo usa o movimento de atenção plena (em outras palavras, meditação em movimento), com a finalidade de nos manter ancorados no momento presente. Centralizar-se no BMT é acreditar que corpo e mente estão intimamente ligados.

Tradicionalmente, no Ocidente, corpo e mente são vistos como entidades separadas. Essa perspectiva tem sido desafiada nos últimos anos, inclusive pelo campo emergente da neurociência cognitiva incorporada.[2] Pesquisas sobre estudos de treinamento de mindfulness também apoiam a noção de que o antigo "primo pobre" – o corpo – pode ser, na verdade, um jogador-chave em nossa experiência consciente mais do que podíamos imaginar até então[3]. Avançando um pouco mais, começamos a entender de que maneira o movimento do corpo afeta o movimento da mente[4] (um conceito fascinante que exploraremos mais detalhadamente depois). Essa nova

---

2. Rosch, E, Thompson, E and Varela, FJ (1992). *The Embodied Mind: Coginitive Science and Human Experince.* MIT Press.

3. Kerr, CE, Sacchet, MD, Lazar, SW, Moore, CI and Jones, SR (2013). Mindfulness: A atenção plena começa com o corpo: Atenção somatossensorial e modulação descendente do ritmo alfa cortical na meditação mindfulness. *Frontiers in Human Neuroscience*, 7, 12, 1-15.

4. Michalak, J, Rohde, K, and Troje, NF (2014). A forma como andamos afeta o que lembramos: As modificações do andar através do biofeedback alteram o viés negativo da memória afetiva. *Journal of Behavior Therapy and Experimental Psychiatry* 46, 121-125.

visão científica tem implicações de longo alcance tanto para o desenvolvimento da ciência médica quanto para nossa abordagem geral de bem-estar, especialmente no avanço da teoria e prática de mindfulness.

No BMT você deve prestar atenção total, instante a instante, nas sensações do corpo em movimento, como um precursor para desenvolver a capacidade de detectar movimentos muito mais sutis da mente.

Com a compreensão que ganhamos observando nosso corpo em movimento, conseguimos enxergar mais claramente as origens de todas as nossas ações e reações. Com maior consciência, podemos escolher como agir de maneira a aproveitar nossa sabedoria inata, em vez de deixar nossa vida correr no piloto automático.

<u>A mensagem do BMT é simples: a chave para uma vida mais feliz e mais saudável é sair de sua cabeça e mergulhar em seu corpo.</u>

O problema de todos nós hoje em dia é que estamos tentando resolver a maioria dos problemas da vida com nossas cabeças, usando nossas mentes pensantes. Mas e se lhe dissermos que a solução não reside tanto em nossa cabeça, mas muito mais em nosso corpo?

O corpo está falando com você o tempo todo. Porém, para poder escutá-lo, você precisa desacelerar e ouvir sua voz – e esse é o ponto inicial da prática de mindfulness do BMT. Espero que meu guia prático e fácil de seguir para o movimento de atenção plena lhe forneça todas as ferramentas de que precisa para tornar-se mais conectado, Mente ao Corpo.

Ao longo dos anos, ao discutir a abordagem do BMT com amigos, colegas e clientes, notei que a primeira coisa que diziam era: "Mas não é corpo *e* mente?". Contudo, para mim é claro que deve ser corpo *em* mente, porque corpo e mente não são separados, eles operam como se fossem um.

A história do BMT

Durante anos, juntamente com meus estudos de neurociência, treinava kung fu Shaolin. Quando cheguei à faixa preta, fiquei realmente consciente do que eu poderia conseguir ao treinar na interface mente-corpo. Treinar nesse nível é uma forma de desafiar e de se dedicar a todos aqueles bloqueios mentais e emocionais que atrasam nossa vida. Contudo, aspectos do treinamento físico em artes marciais podem ser disciplinadores – projetados para quebrar o ego e trazer o corpo à tona. Somente alguns anos depois, quando entrei para as artes marciais internas, treinando tai chi chuan, aprendi que também é possível trabalhar o corpo e a mente de maneira mais gentil, mais compassiva, e com muito menos chances de se machucar.

Alguns anos depois, como estagiária de psicologia clínica na University College London, percebi que o tai chi me ajudava a permanecer centrada e calma, mesmo naqueles momentos de pânico quando me deparava com um cliente muito difícil. Comecei a notar que com minha prática de tai chi eu estava desenvolvendo uma consciência corporal que realmente me ajudava a me conectar com meus clientes em um nível mais profundo. A noção de que se tornar mais consciente do corpo (ou "incorporado") beneficiava profundamente o relacionamento cliente-terapeuta começou a me fascinar.[5]

Foi durante o início de minha carreira acadêmica, enquanto estudava psicologia experimental (especificamente cognição social), que comecei e me questionar sobre as questões fundamentais que dariam forma ao primeiro projeto do programa de BMT: "É possível trazer os processos mentais que geralmente se situam fora da consciência para a consciência, usando nossa atenção?". E: "Será que isso faria diferença para aqueles que lutam com a cognição social e têm dificuldades na vida por isso?". Minha pesquisa publicada em 2008 mostrou que o treinamento na cognição social *era* possível e proporcionou aos indivíduos com graves doenças mentais e dificuldades coletivas situações de confiança para se envolver mais em atividades sociais, melhorando muito sua qualidade de vida.[6]

---

5. Grepmair, L, Mitterlehner, F, Loew, T, Bachler, E, Rother, W, and Nickel, M (2007). Promover a atenção plena em psicoterapeutas em treinamento influencia nos resultados do tratamento de seus pacientes: estudo randomizado, duplo-cego e controlado. *Psychotherapy and Psychosomatics*. 76, 332-338. Keane, A (2013). A influência da prática da atenção plena do terapeuta no trabalho psicoterapêutico: um estudo de métodos mistos. *Mindfulness* (NY), 689-703.

6. Russell, T A, Green, M and Coltheart, M (2008). Recuperação da percepção emocional facial: alterações concomitantes na atenção visual. *Schizophrenia Research*, 103 (1-3), 248-256. Marsh, PJ, Luckett, G, Russell, TA, Coltheart, M and Green, MJ (2012). Efeitos da recuperação de reconhecimento da emoção facial na varredura visual de novos estímulos faciais. *Schizophrenia Research*, 141 (2-3), 234-40. Marsh, P, Green, M J, Russell, T A, McGuire, J, Harris, A and Coltheart, M (2010). Recuperação do reconhecimento da emoção facial na esquizofrenia: Prognósticos funcionais, generalização e durabilidade. *American Journal of Psychiatric Rehabilitation*, 13 (2), 143-170.

<u>Comecei a explorar novas formas de utilizar o corpo em movimento para facilitar, acelerar e aprofundar a experiência de treinamento de mindfulness.</u>

Ao mesmo tempo, quando trabalhei em uma pesquisa de pós-doutorado em cognição social na Macquarie University, em Sidney, conheci uma australiana que mudaria o curso de minha vida. Interagindo com ela você jamais imaginaria que essa pessoa havia recebido um diagnóstico infantil de esquizofrenia e que sofrera com alucinações auditivas crônicas. Fiquei curiosa em saber como ela conseguia levar uma vida tão plena, incluindo trabalhar e viver de forma independente. Ela me contou que descobriu o trabalho de Jon Kabat-Zinn, o fundador da mindfulness secular, e desde então praticava todos os dias. Ela descreveu a forma como o treinamento de atenção plena a ajudou a distinguir as vozes predominantemente negativas relacionadas à sua doença das vozes de apoio de sua tradição espiritual Maori. Sua história me fez perceber que o mindfulness pode ser capaz de ajudar pessoas com dificuldades semelhantes àquelas que eu encontrava em minha prática de psicologia clínica.

Fiquei interessada em descobrir se era possível integrar princípios de treinamento de artes marciais, que usam o movimento do corpo, com teoria psicológica, para ajudar as pessoas que normalmente têm dificuldade com as terapias tradicionais de conversa (psicoterapia) ou de permanência em silêncio. Por exemplo, esse tipo de integração ajudaria pessoas com um diagnóstico de esquizofrenia ou outras condições nas quais a mente fica extremamente caótica? Pensei que uma abordagem mais orientada para o movimento do corpo poderia ser um caminho melhor para o gerenciamento de sintomas e a cura interior. Comecei a experimentar, projetando o primeiro protótipo de exercícios e estrutura do BMT.

Mais ou menos nessa época, as pesquisas provavam que o treinamento de mindfulness, em particular o MBSR (Mindfulness Based Stress Reduction – Redução de Estresse Baseada na Atenção Plena) e MBCT (Mindfulness Based Cognitive Therapy – Terapia Cognitiva Baseada na Atenção Plena), programas concebidos por Jon Kabat-Zinn e colegas da Massachusetts University, e por Mark Williams e colegas da Oxford University, estavam realmente ajudando pessoas com dor crônica e condições de saúde mental recorrentes, tais como ansiedade clínica e depressão.[7] Descobri que o Escaneamento do Corpo, em que o praticante é repetidamente solicitado a levar a atenção a diferentes partes do corpo enquanto está deitado, completamente imóvel, era uma parte crucial desses programas. Ao mesmo tempo, também soube por meu próprio trabalho acadêmico que estudos de imagem cerebral apresentavam mudanças estruturais nas regiões do cérebro relacionadas ao corpo e seu movimento, e que a prática de movimento consciente está altamente correlacionada com o aumento da atenção e da autocompaixão.[8]

Isso me levou a outras perguntas: "O que mais podemos aprender com o corpo em movimento?". "Como o corpo em movimento pode informar e melhorar o desenvolvimento da prática de atenção plena no Ocidente?" "E como isso pode beneficiar pessoas que possam ter dificuldade com os programas e práticas sentadas formais, por falta de tempo ou outras restrições?"

Inspirada, comecei a explorar novas formas de utilização do corpo em movimento para facilitar, acelerar e aprofundar a experiência de treinamento da atenção plena, usando o que aprendi com meus históricos com a neurociência e artes marciais para criar uma forma nova e mais fácil de meditar. E assim nasceu o BMT!

O que aconteceu depois

Os resultados dos primeiros grupos de BMT para pacientes e para a equipe de psiquiatria nos idos de 2006 foram encorajadores. Era incrível observar

---

7. Grossman, P, Niemann, L, Schmidt, S and Walach, H (2004). Redução de estresse baseada na atenção plena e benefícios para a saúde: Uma meta-análise. *Journal of Psychosomatic Research*, 57, 35-43.
Williams, M and Kuyken, W (2012). Mindfulness baseado na terapia cognitiva: Uma nova abordagem promissora para prevenir a recaída depressiva. *British Journal of Psychiatry*, 200, 359-360.
Khoury, B, Lecomte, T, Fortin, G, Masse, M, Therien, P, Bouchard, V, Chapleau, M-A, Paquin, K and Hofmann, S (2013). Terapia baseada na atenção plena: Uma meta-análise abrangente. *Clinical Psychology Review*, 33, 763-777
8. Hölzel, B K, Lazar, S W, Gard, T, Schuman-Olivier, Z, Vago, D R and Ott, U (2011). Como funciona a meditação mindfulness? Proposição de mecanismos de ação de uma perspectiva conceitual e neural. *Perspectives on Psychological Science*, 6 (6), 37-559.
Carmody, J and Baer, R (2008). Relacionamentos entre a prática de mindfulness e níveis de atenção plena, sintomas médicos e psicológicos e bem-estar em um programa de mindfulness baseado na redução de estresse. *Journal of Behavioural Medicine*, 31 (1), 23-33.

como até aqueles com problemas mentais muito desafiadores e angustiantes podiam alcançar sozinhos uma sensação de calma e relaxamento apenas com os movimentos de atenção plena.⁹

Ao longo do tempo, desenvolvi gradativamente os *workshops* sobre BMT para uma base de clientes muito mais abrangente, incluindo profissionais de saúde mental, médicos e enfermeiros, bem como aqueles das áreas de educação, esportes, empresas corporativas, prisões e arte. Em cada *workshop* experimentei diferentes práticas, ouvi respostas, observei reações e refleti sobre as percepções que adquiri. Todos os exercícios que você está prestes a aprender foram refinados durante anos de sessões de treinamento desses grupos e todos foram utilizados por uma grande variedade de participantes de todo o mundo.¹⁰

Com a possibilidade de trabalhar com grupos tão diversos, logo percebi que havia muita confusão sobre o conceito de atenção plena, desde a terminologia até os métodos de treinamento. Foi por isso que decidi criar um guia fácil e pragmático para a prática – algo que poderia ser mais acessível para as pessoas em geral.

Para quem é este livro?

Se você reluta com a ideia de ficar sentado, parado durante longos períodos para meditar, o BMT pode lhe fornecer uma alternativa praticável. Essa abordagem é para qualquer pessoa que queira experimentar os benefícios da prática de mindfulness em suas vidas – mesmo para aqueles *realmente* ocupados. Você pode praticar os exercícios em praticamente qualquer lugar e a qualquer hora de seu dia ocupado, porque o corpo em movimento está com você o tempo todo.

Por que o BMT é diferente?

As pessoas frequentemente me pedem para descrever a diferença entre meu programa BMT e os programas de treinamento tradicionais do MBCT e MBSR.

Basicamente, a estrutura do meu BMT é baseada na mesma teoria de meditação clássica da MBSR, mas há algumas grandes diferenças

---

9. Russell, T A (2011). Treinamento de Integração Corpo e Mente: Movimento consciente para doença mental grave e permanente. *British Journal of Wellbeing*, 2 (3), 13-16.
10. Russell, T A and Tatton-Ramos, T P (2014). Treinamento de Integração Corpo e Mente: Movimento consciente para configuração clínica. *Neuro-Disability and Psychotherapy*, 2 (1/2), 108-136.

nos métodos de ensino e apresentação. Os cinco componentes do programa BMT – Pausa, Intenção, Atenção, Autocompreensão e Compaixão – surgiram do desenvolvimento da definição padrão de Jon Kabat-Zinn, que declara que a atenção plena é "a consciência que surge do prestar atenção, de propósito, momento a momento e sem julgamentos".[11]

<u>Ofereço para as pessoas múltiplos pontos de entrada para a atenção plena, na esperança de que encontrem o caminho certo para elas.</u>

Os programas mais tradicionais, como a MBSR, usam posturas estáticas como ferramenta principal para treinar a atenção e observar a impermanência de sensações físicas e mentais – assim como a impermanência da vida em si. Há uma forte ênfase em permanecer com a experiência e a prática contínua, com uma teoria pouco clara. Esse é um método de treinamento no estilo zen ao qual muitos ocidentais encontram dificuldades para se adaptar.

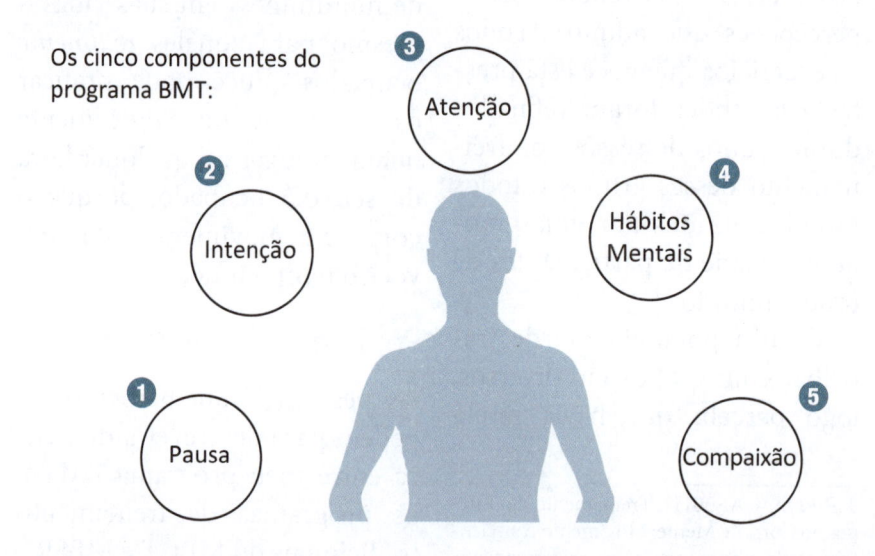

Os cinco componentes do programa BMT:

1. Pausa
2. Intenção
3. Atenção
4. Hábitos Mentais
5. Compaixão

---

11. Kabat-Zinn, J (2003). Intervenções baseadas na atenção plena no contexto: Passado, presente e futuro. *Clinical Psychology: Science and Practice*, 10 (2), 144-156.

O BMT equilibra o aprendizado prático com um aprendizado conceitual. Em primeiro lugar, usamos o corpo em movimento para nos treinar a detectar o movimento da mente e complementamos cada exercício com conhecimentos da neurociência mais avançada. Para algumas pessoas, compreender também por que estamos fazendo algo pode realmente ajudar a aumentar a motivação.

Eu não afirmo que o programa BMT seja o único caminho para a prática de mindfulness. Nem estou sugerindo que esse caminho seja para todas as pessoas. E eu certamente não estou, de forma alguma, desafiando a eficácia e o brilhantismo dos seculares programas convencionais de MBSR e MBCT – esses programas têm um grande papel a desempenhar.

Em vez disso, o sistema BMT fornece uma maneira alternativa de se conectar à atenção plena principalmente com o corpo em movimento. Ofereço às pessoas múltiplos pontos de entrada para a prática – com artes marciais, teoria de mindfulness e neurociência – na esperança de que encontrem o caminho certo para eles.

Este livro representa meu entendimento atual da atenção plena em relação à minha própria vida e trabalho. Enquanto eu me lanço em tradições antigas, minha variante secular de mindfulness está em constante evolução. E, como qualquer outra pessoa, eu ainda tenho muito que aprender sobre como corpo, cérebro e mente se interconectam.

BMT hoje

O BMT tem sido objeto de uma série de estudos pilotos de sucesso[12] no King's College London,[13] por exemplo, e alguns estudos de pesquisa internacionais maiores estão em andamento. O treinamento tem sido apresentado a atletas de elite da Universidade

---

12. Russell, T A (2011). Russell, T A and Arcuri, S A (2015). Uma consideração neurofisiológica e neuropsicológica do movimento de atenção plena. *Frontiers in Human Neuroscience*. 8.
13. King, E (2011). Um programa MBCT modificado para pessoas ativas com transtorno bipolar. Dissertação de pós-graduação, Estudos de Saúde Mental, King's College London, Instituto de Psiquiatria.
Wong, M (2011). Os efeitos da terapia cognitiva baseada na atenção plena no funcionamento psicossocial de pacientes bipolares ativos. Dissertação de pós-graduação, Estudos de Saúde Mental, King's College London, Instituto de Psiquiatria.
Bland, D (2013). O treinamento da atenção plena melhora a consciência corporal em praticantes simples de mindfulness? Dissertação de pós-graduação, Neurociência, King's College London, Instituto de Psiquiatria.

das Índias Ocidentais, bem como implantado em escolas e nas áreas de saúde e de negócios no Reino Unido, Brasil, Polônia e Barbados. Os participantes relatam que a combinação da compreensão neurocientífica com coisas práticas que podem fazer de imediato com seus corpos e com a consciência do corpo torna o BMT uma abordagem altamente pragmática para treinamento de mindfulness.

Embora eu reconheça o valor da pesquisa empírica, estou mais interessada nas histórias pessoais de transformação que ouço todos os dias como parte de meu trabalho. Esses relatórios vêm de pessoas que completaram o treinamento de integração corpo e mente.

> **A prática**
>
> **Trabalhando com o corpo em movimento**
>
> Muitas pessoas questionam se meditar no corpo em movimento pode, de fato, proporcionar os mesmos benefícios que ficar sentado quieto sobre uma almofada; "Certamente, a ideia geral é que você permaneça parado", elas dizem. Contudo, na filosofia e na prática do tai chi, a noção de explorar a mente com o corpo é a mesma que qualquer prática de meditação imóvel. Para mim, há muitos benefícios extras que surgem do trabalho com o corpo em movimento, incluindo:
>
> - Seu corpo em movimento está com você o tempo todo, então você pode meditar em qualquer lugar.
> - Aprender com o corpo aprofunda e facilita sua experiência.
> - Detectar movimento no domínio motor ajuda a reconhecer mais facilmente os padrões de movimento mental.
> - O movimento o mantém fisicamente saudável.

Como usar este livro

O programa BMT foi projetado para ajudar as pessoas a praticar mindfulness em qualquer lugar, a qualquer hora. Ele combina duas vertentes de aprendizagem: uma que se concentra no corpo, com exercícios práticos, e outra que se ocupa do cérebro.

Você terá benefícios mesmo que trabalhe com apenas uma vertente da prática, mas, para obter melhores resultados do BMT, sugiro que trabalhe com estas duas abordagens:

1. **Aprendizado prática com o corpo:** uma série de exercícios de movimento cuidadosamente projetados proporcionará aprendizado dos princípios da atenção plena ao corpo. Isso é conhecido como aprendizagem incorporada.
2. **Aprendizado conceitual por meio do cérebro:** informações e observações extraídas da teoria da atenção plena, teoria das artes marciais e neurociência darão suporte para sua experiência prática.

Como o livro está organizado

O livro é dividido em seis capítulos, começando com uma explicação do movimento consciente e por que ele pode melhorar sua prática de mindfulness. Ao desenvolver o BMT, usei a definição padrão de atenção plena e a organizei em cinco princípios especiais de treinamento: Pausa, Intenção, Atenção, Autocompreensão e Compaixão. Esses princípios formam a estrutura do programa e eu dediquei um capítulo para cada um deles.

No **Capítulo 1 (Uma Nova Forma de Meditar)** eu explico o que é atenção plena e como o método BMT situa-se ao lado de outras técnicas mais tradicionais de mindfulness, como aquelas encontradas no zen-budismo e no tai chi.

No **Capítulo 2 (Pausa)**, exploro o conceito de pausa, ponto de partida de toda prática de mindfulness. Eu mostro que diminuir seu ritmo interior pode ajudá-lo a entrar no momento presente e como aprender a colocar freios em seu corpo e, por consequência, em seu cérebro pode auxiliá-lo a viver com mais habilidade e facilidade.

No **Capítulo 3 (Intenção)**, mostrarei como configurar sua intenção em seu cérebro antes de agir pode aumentar substancialmente sua capacidade de permanecer nos trilhos e alcançar o que você quer da vida.

No **Capítulo 4 (Atenção)**, você aprenderá a detectar os hábitos mentais que atrasam sua vida e descobrirá como ampliar ou estreitar suas lentes de atenção a fim de criar mais espaço em sua mente, e aumentar sua capacidade de atenção contínua.

No **Capítulo 5 (Autocompreensão)**, eu o ajudarei a mergulhar mais profundamente para obter uma melhor visão de como sua mente funciona de fato! Vou lhe mostrar como gerenciar seus hábitos mentais indisciplinados (nós os chamamos

> Em qualquer sessão de prática de tai chi, eu exploro os cinco aspectos do BMT. Eu desacelero, me mexo com intenção, presto atenção, aprendo sobre mim mesma e descubro como tranquilidade e gentileza podem ser poderosas.

de "macacos mentais") e criar novos caminhos neurais que o ajudarão a concretizar todo o seu potencial.

No **Capítulo 6 (Compaixão)**, o último capítulo, vou mostrar como a consciência corporal pode aumentar sua capacidade de compaixão. Você aprenderá que enfrentar e aceitar experiências difíceis poderão transformar profundamente seu relacionamento com a vida. Vou lhe explicar como trabalhar os centros de empatia e compaixão em seu cérebro para viver com mais alegria e paz.

Em cada capítulo você encontrará informações sobre atenção plena, neurociência e artes marciais. Eu as forneci para aprofundar sua compreensão de mindfulness e para melhorar sua experiência de treinamento. Capítulo por capítulo, uma série de exercícios de treinamento mental o encoraja a praticar regularmente, porque quanto mais você pratica, mais fácil se torna o treinamento. Tente encarar os exercícios com a menor expectativa possível.

Vamos praticar. Os exercícios são projetados para lhe proporcionar uma experiência direta baseada no corpo de um conceito-chave de treinamento. Você pode praticar muitos deles formalmente, como parte de um programa de treinamento diário, ou informalmente à medida que você os mescla e os combina de acordo com suas necessidades. Para obter melhores resultados, pratique-os regularmente.

No final de alguns desses exercícios há as caixas **Saiba mais**, que incluem variações do exercício principal que o ajudarão a explorar as sensações e experiências daquele exercício de forma mais completa ou de maneiras diferentes.

Experimente. Os exercícios são curtos e rápidos e devem ser feitos agora, neste momento – apenas coloque o livro de lado e tente.

As caixas de texto **Pense nisto** são convites para pensar sobre como você pode aplicar os princípios do mindfulness em sua vida como um todo para ajudá-lo a ver e a agir de forma diferente. Descontraia e experimente ao máximo as ideias que apresentei.

À medida que você explora o livro, há também outros dois conceitos importantes que precisa ter em mente:

1. **Os olhos de uma criança**: é assim que, nas artes marciais, convidamos você a ver o mundo. Tente abandonar suas expectativas adultas e pergunte-se: "Como uma criança participaria dessa experiência? Como seria observar isso pela

primeira vez?". Cultive intencional e internamente essa posição de curiosidade com os olhos bem abertos e receptividade e a mantenha durante todo o treinamento (é muito fácil deixar escapar – agarre-se a isso). Com a prática, você descobrirá que embora algumas vezes pense que "já conhece", ainda há muito que aprender.

2. **Manter equilíbrio** entre o aprendizado conceitual e o prático. Embora seja importante o fato de as mais recentes pesquisas de neurociência esclarecerem sua compreensão sobre o que está acontecendo em seu cérebro, ligar-se demais à noção de que tudo se resume à ciência pode provavelmente inibir seu progresso. Este livro fala sobre o desenvolvimento de um equilíbrio entre ciência, consciência e corpo em movimento. Os múltiplos pontos de entrada são projetados para ajudá-lo a encontrar seu próprio caminho para uma prática saudável e prazerosa.

Por que você precisa praticar

Culturalmente, costumamos procurar por resultados rápidos, como encontrar a resposta nas páginas de um livro ou na internet. Essa busca por uma solução rápida também está se espalhando na prática da atenção plena, com mais e mais ideias pairando sobre como aprender rapidamente para viver no momento presente.

Mas assim como apenas ler inúmeras revistas sobre como perder peso não vai diminuir sua cintura, ler livros e mais livros sobre mindfulness não reajustará os caminhos neurais de seu cérebro. É preciso dedicar-se à prática para realmente ter sucesso.

Há um debate em curso sobre os benefícios relativos da prática formal (o tempo aplicado quando você se dedica à prática de mindfulness, não importa o que aconteça) e da prática informal (encontrar momentos em sua vida que você pode tornar conscientes). Eu acredito que ambos têm um lugar em nossas vidas, mas se você está no início de sua jornada de atenção plena, o princípio das artes marciais de que "kung fu é tudo o que você faz" é adequado – você certamente terá algum benefício ao se dedicar de forma consciente às suas atividades diárias e eu o encorajo a começar do jeito que puder.

> No treinamento de mindfulness é realmente crucial que você permita que sua criança interior venha à tona e que cultive uma atitude de curiosidade e abertura.

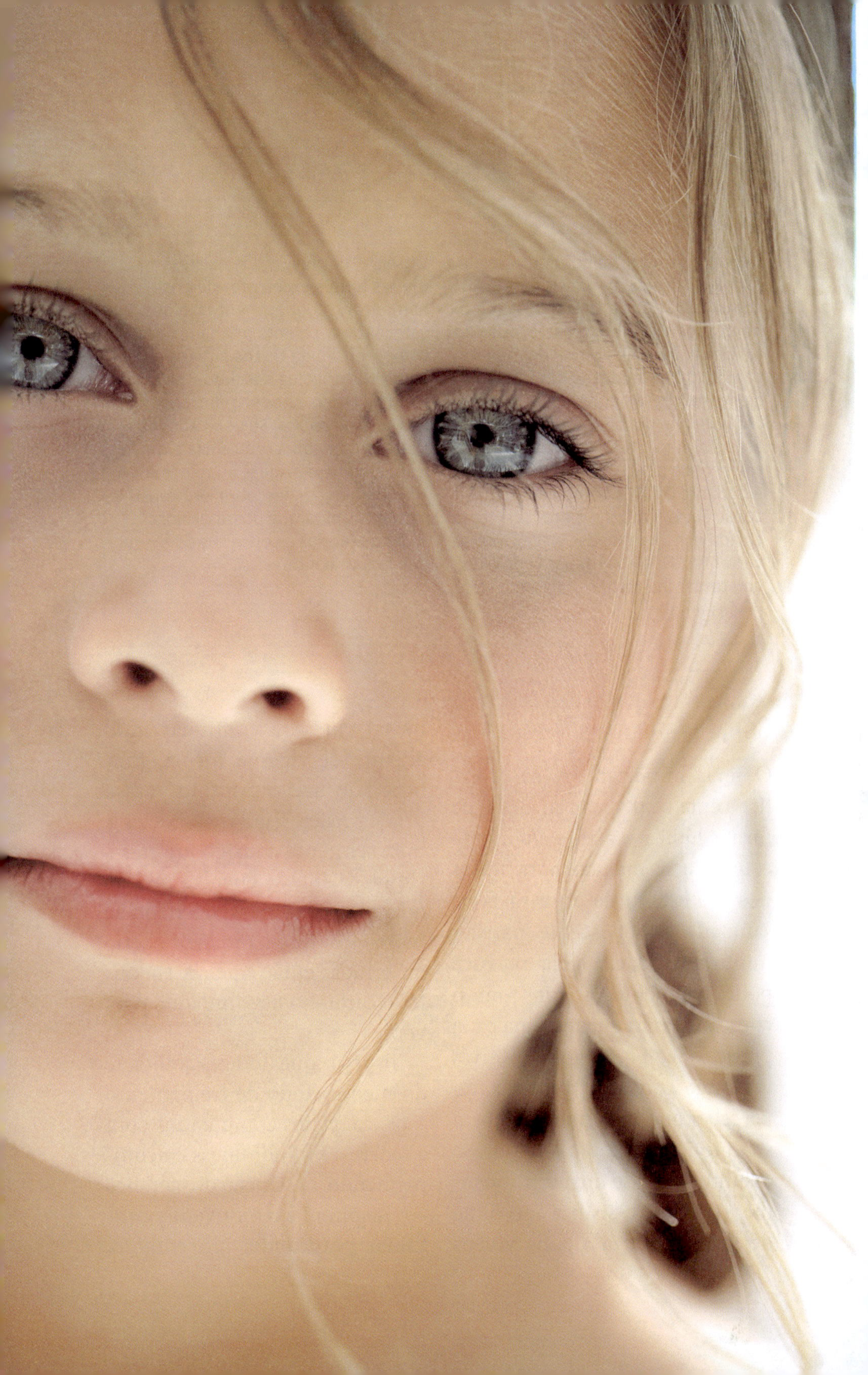

> **Um ponto de partida**
>
> Definir a palavra "mindfulness" é algo problemático, sem mencionar termos como "consciência" e "mente". Ainda hoje, após milênios de exploração do funcionamento espiritual da mente, estudiosos budistas, tradutores, cientistas cognitivos e filósofos continuam a debater a definição de atenção plena. Não sou uma estudiosa contemplativa, nem mesmo uma estudante ou filósofa no campo da consciência, embora, claro, seja fascinada por mindfulness e suas muitas vertentes. Neste livro, para começar, vou tentar lhe fornecer algumas definições amplas.
>
> **Vá além**
>
> Observe, por favor, que existem muitas fontes excelentes de ensinamentos e conhecimentos, e que este livro representa minha própria compreensão de textos antigos e conceitos psicológicos modernos, além de como estes se relacionam uns com os outros. Se você encontrar neste livro alguma referência a outro trabalho que o inspire, eu o incentivo a procurá-lo e a descobrir seus ensinamentos para que possa explorar todas as teorias e conceitos da forma que mais lhe interessar.

Como praticar

O mais importante é se divertir! Tente se dedicar ao BMT de forma lúdica e alegre. A mente é um lugar maluco para todos nós e o estado de espírito faz a sanidade remanescente parecer muito mais fácil. Veja se você pode realmente "sorrir com o coração" assim que termina cada prática. Se, por algum motivo, você não conseguir praticar, ou perceber que teve uma queda em sua motivação, tente ler sobre o assunto para se inspirar novamente. Tente assistir a um filme de kung fu ou a alguns vídeos de tai chi para continuar indo adiante de alguma forma. Embora não haja substituto para a prática física regular, às vezes é bom ser gentil consigo mesmo – simplesmente se envolva no que quer que seja possível naquele momento. Não há maneira certa ou errada, então apenas encontre o caminho que funciona para você.

Espero que a acessibilidade do meu método de treinamento – os exercícios combinados com a teoria do mindfulness e acompanhando a ciência do cérebro – o inspirem e o motivem a continuar praticando. No entanto, a ferramenta de aprendizagem mais importante vem com a "prática" – é na verdade entrar nas posturas e retomar os exercícios váriaz vezes.

Eis algumas das perguntas mais frequentes...

Preciso de almofada? Não! As práticas sentadas têm grande valor, mas também podem ser assustadoras no que se refere tanto ao desafio mental quanto ao desconforto físico. Eu projetei este guia de treinamento de movimento consciente para que você pudesse praticar meditação a qualquer momento, em qualquer lugar – sem almofada!

E se eu sentir dor? Algumas pessoas podem sentir desconforto ou dor ao executar esses exercícios. Isso não é motivo para parar, mas poderia ser um motivo para modificá-los. Se a dor estiver relacionada a uma lesão passada ou recente, você pode precisar adaptar um pouco o exercício à sua capacidade. A reconexão com seu corpo pode evidenciar desconfortos ou algumas dores leves. Parte do processo de aprendizagem consciente é entrar em contato com as sensações que você tem (consciente ou inconscientemente) evitado, negado ou suprimido, abrindo sua consciência para o que está de fato lá e escolhendo dedicar-se totalmente. O movimento atento raramente resultará em lesões, já que você está começando devagar e com atenção total. Preste atenção a qualquer tensão ou dor, encontre seus próprios limites e seja gentil consigo mesmo. Tensão e esforço indicam que não é mais um movimento consciente. Vá devagar e leve uma espécie de atenção curiosa e bondosa a qualquer sensação que experimentar. A ação habilidosa vem da consciência.

Se você sentir qualquer dor durante a prática, considere se isso não é uma oportunidade de aprender algo sobre seu corpo, antes de mitigar a dor com analgésicos. Seja extremamente curioso sobre o que acontece em sua mente enquanto você sente dor, incluindo pensamentos como "Não posso fazer isso", "Isso vai me machucar" ou "É melhor eu parar". Muitas vezes esses pensamentos são habituais e provavelmente afetarão de forma direta sua experiência física. Esforce-se para não se ater demais a eles e ficar com as sensações físicas – explorando os limites da dor e as regiões próximas. Medite na parte afetada do corpo e descubra o máximo possível, determinando de dentro de si onde começa e onde termina sua dor, os tipos de sensação (uma fisgada ou um latejar, por exemplo) e os limites de sua dor. Observe quaisquer reações mentais, como perda, tristeza ou desejo de que as coisas sejam diferentes.

E se eu não sentir nada? No começo, muitas pessoas acham difícil localizar sensações em seus corpos. Se esse for seu caso, não desista. É possível que sua mente esteja tão ocupada pensando, analisando e planejando, que seu corpo não consegue falar nada. Com o tempo, você achará mais fácil acalmar sua mente tagarela pelo tempo suficiente para desenvolver uma sensibilidade maior com relação às sensações do corpo. Enquanto isso, escolha uma prática que permita voltar a atenção da mente para uma parte do corpo que evoque muitas sensações – suas mãos ou rosto, por exemplo – ou simplesmente conduza o movimento mais vagarosa e deliberadamente para suscitar mais sensações.

Procurando ajuda — *Advertência*

O Treinamento do Corpo na Mente (BMT) pode provocar mudanças drásticas e duradouras tanto no bem-estar físico como no mental, ajudando-o a desbloquear seu próprio potencial de cura e promover mudanças profundas em sua vida. Você pode ser capaz de fazer muito mais por si mesmo do que pode imaginar. No entanto, este livro não deve substituir a ajuda profissional de um médico ou de psicológico. Apesar de a abordagem e os exercícios do BMT certamente aumentarem e complementarem outros tratamentos, é prudente saber quando a ajuda profissional se faz necessária.

Vamos lá!

O BMT lhe dá a escolha e a flexibilidade de aprender a atenção plena tanto pelo pensamento (conceitual) quanto pela prática (experimental). Você pode escolher entre explorar livremente o movimento consciente ao longo do dia ou usá-lo em uma prática formal para a qual você, deliberadamente, reserva um tempo para trabalhar seu corpo em movimento. Espero que essa estrutura multifacetada e de fluxo livre permita que você explore a prática da atenção plena, independentemente de seus compromissos e tempo disponível e encontre uma maneira de fazê-la funcionar para você.

Então, agora só me resta desejar-lhe felicidades enquanto você embarca em sua viagem transformadora de mindfulness. Esta jornada promete ser ao mesmo tempo esclarecedora, interessante e surpreendente, talvez até mesmo um pouco desafiadora às vezes. Que a curiosidade, a coragem e a compaixão estejam sempre ao seu lado.

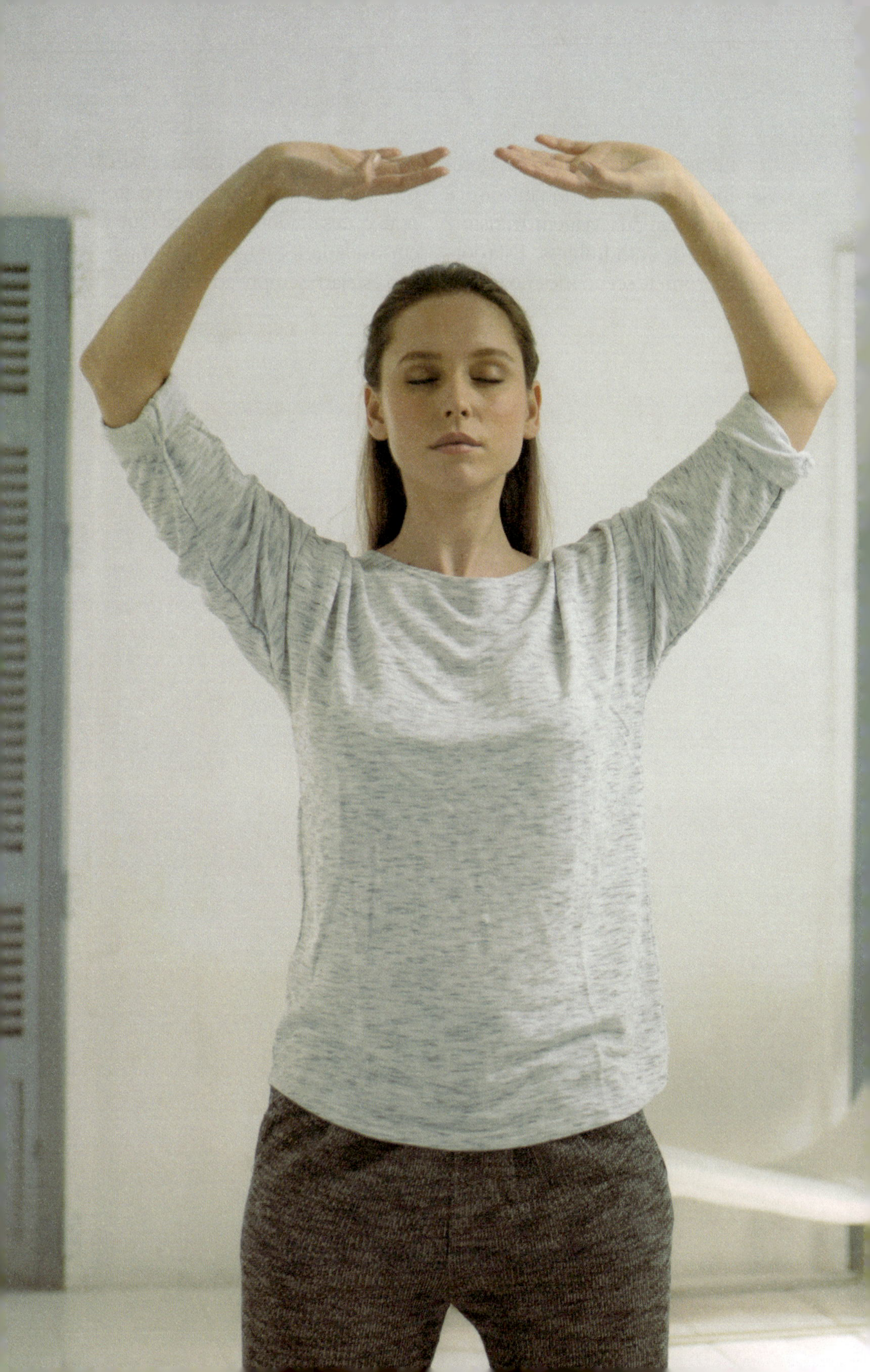

Uma nova forma de meditar

A meditação mindfulness (atenção plena) faz parte das tradições contemplativas, como o Budismo, há milhares de anos, mas entrou em nossa vida ocidental convencional somente nas últimas quatro décadas, graças ao trabalho de Jon Kabat-Zinn e outros. Hoje em dia a palavra faz parte da linguagem cotidiana – dificilmente você vai abrir um jornal ou uma revista sem ler sobre atenção plena. Ainda assim, a prática é considerada por muitos como um treinamento *mental*. De fato, a prática de mindfulness começa com a observação do corpo,[14] tornando-se íntima das sensações corporais e, então, as usando para aprender mais sobre como a mente funciona. Trabalhar com o corpo em movimento ajuda a facilitar e aprofundar a nossa experiência de aprendizagem.[15]

---

14. Kerr, C E, Sacchet, M D, Lazar, S W, Moore, C I, Jones, S R (2013). A atenção plena começa com o corpo: atenção somatossensorial e modulação descendente do ritmo alfa cortical na meditação mindfulness. *Frontiers in Human Neuroscience*, 7, 12, 1-15.

15. Hay, D B, Williams, D, Stahl, D, Wingate, R J (2013). Como usar desenhos da célula cerebral para exibir experiência em neurociência: explorando os limites da cultura experimental. *Science Education*, 97 (3), 468-491.

Seu corpo e sua mente

Os benefícios da prática meditativa *"mindfulness"* estão bem estabelecidos, com gigantes corporativos agora oferecendo treinamento de meditação no local de trabalho.[16] Mas e se você não tiver tempo para a prática diária formal? E se sua mente estiver tão ocupada que mesmo ficar sentado por apenas cinco minutos parece impossível?

Quatro décadas de pesquisa no programa padrão de oito semanas da MBSR (Redução de Estresse Baseada em Mindfulness [Atenção Plena])[17] e mais recentemente na MBCT (Terapia Cognitiva Baseada em Mindfulness)[18] demonstraram que a prática meditativa mindfulness proporciona enormes benefícios para a saúde física e mental. Esses programas existem não apenas para aqueles a quem eles foram originalmente direcionados (pessoas com doenças físicas crônicas cujo tratamento havia atingido os limites do modelo médico no caso da MBSR, e aqueles com desafios à saúde mental recorrente como a depressão grave no caso de MBCT), mas também para todas as pessoas em todos os setores da vida.

---

16. Goleman, D, Kabat-Zinn J, Tan, C M (2012). *Search Inside Yourself: Increase Productivity, Creativity and Happiness*. Harper Collins.

17. Grossman, P, Niemann, L, Schmidt, S, Walach, H (2004). Redução de estresse baseada na atenção plena (mindfulness) e benefícios para a saúde. Uma meta-análise. *Journal of Psychosomatic Research*, 57, 35-43. Khoury, B, Lecomte, T, Fortin, G, Masse, M, Therien, P, Bouchard, V, Chapleau, M-A, Paquin, K, Hofmann, S (2013). Terapia baseada na atenção plena (mindfulness): uma meta-análise abrangente. *Clinical Psychology Review*, 33, 763-771.

---

18. Williams, M, Kuyken, W (2012). Terapia cognitiva baseada na atenção plena (mindfulness): uma nova abordagem promissora para prevenir a volta da depressão. *British Journal of Psychiatry*, 200, 359-360.

Contudo, esses cursos de mindfulness, apesar de extremamente eficazes, requerem que os participantes façam mudanças significativas em seu estilo de vida, exigindo grande motivação e comprometimento. Que opções existem para aqueles de nós que sofremos menos, mas que ainda assim gostaríamos de aproveitar os benefícios da atenção plena?

O que é movimento atento?

Uma forma de meditação em movimento, o movimento atento requer plena consciência da intenção, da atenção e de todas as nossas sensações físicas e mentais à medida que elas se desenvolvem ao longo do tempo. É conduzido com uma postura de aceitação compassiva no que diz respeito a cada sensação – seja um pensamento, sentimento, memória, emoção ou sensação corporal.

Ao longo deste livro, o foco principal é a forma como seu cérebro detecta movimentos em vários níveis – o movimento de seus membros, de suas emoções, de sua atenção e de sua mente. Se você conseguir se tornar um especialista na detecção de movimentos em todo o corpo, conseguirá acessar a quietude que se encontra dentro de si mesmo.

O movimento físico se mostra com o tempo – ele tem um começo, um meio e um fim. A pesquisa em neurociência nos diz que também ocorrem sequências temporais na mente. Elas ajudam a ordenar nossos pensamentos e executar nossos planos de forma lógica. Quando estamos estressados, a primeira coisa que notamos é a incapacidade de "pensar com clareza", um reflexo de como esse processo de ordem está perdido.

O movimento corporal nos dá sensações mais concretas a ser observadas enquanto estamos treinando, o que ajuda principalmente quando você é novo na prática. Se você conseguir praticar prestando atenção ao seu corpo em movimento, aprendendo a detectar diferenças sutis no ritmo e no tempo, aprenderá gradativamente a alcançar as sensações mais sutis que ocorrem em sua mente.

Seus pensamentos, sentimentos e emoções fazem parte de uma longa cadeia de sensações mentais e físicas, todas passageiras – surgindo e desaparecendo,

> Meditação sentada é a forma tradicional de acessar a tranquilidade interior, ainda que algumas pessoas possam considerar um grande desafio permanecer parado, mesmo que por períodos curtos de tempo.

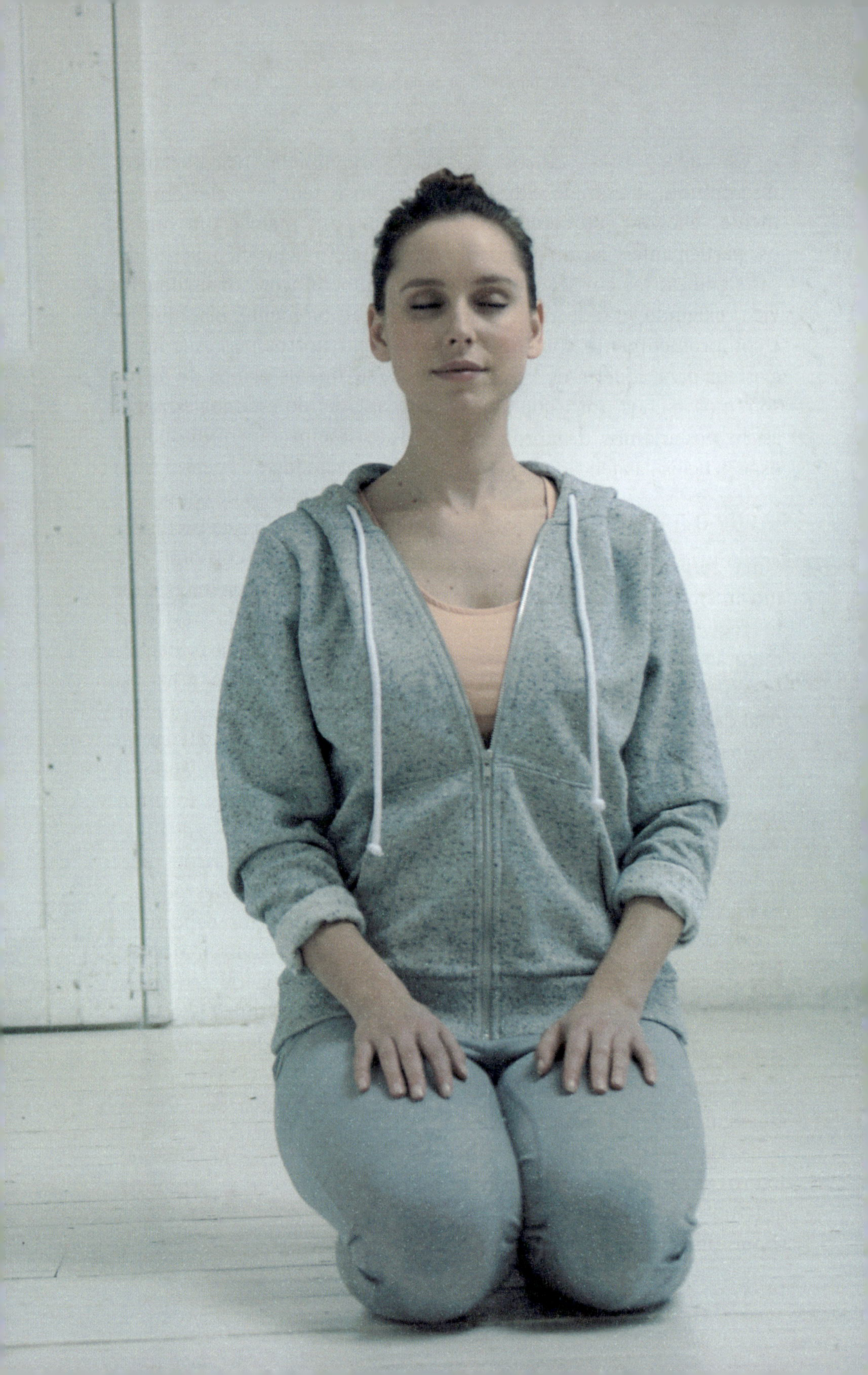

se você deixar acontecer. Minha crença é que a compreensão das conexões entre corpo e mente dessa maneira melhora a inter-relação entre pensamentos, sentimentos e ações no mundo mais amplo. Seu corpo – e como você o usa, controla-o e se relaciona com ele – oferece uma tremenda percepção sobre o funcionamento de sua mente.

O resultado final é uma melhora drástica de suas capacidades emocionais e resiliência mental em face do desafio e a ajuda no gerenciamento da dificuldade dos estados emocionais, incluindo dor mental crônica.

Movimento e cognição

Sabemos que movimento e cognição (compreensão) estão intimamente ligados, e que numerosos estudos mostraram os efeitos positivos que o exercício físico pode ter na cognição.[20] Sabemos também que a prática de sequências de movimentos muda a estrutura de nossos cérebros altamente "plásticos".[21]

Os últimos avanços na neurociência também destacam a importância do sistema motor do corpo em nossa compreensão da aprendizagem e no desenvolvimento cerebral.[22] Daniel Wolpert,[23] neurocientista e especialista em movimento, acredita que a razão pela qual o cérebro humano se desenvolveu da forma que o fez foi principalmente para resolver problemas que encontramos quando começamos a nos

> **Desenvolvimento paralelo** — Ciência do cérebro
>
> Quando as crianças nos primeiros anos da infância começam a explorar o mundo com o movimento, começam a surgir muitas habilidades cognitivas de processamento social.[19] Sua memória melhora e elas se tornam mais capazes de lidar com problemas espaciais e perceber o que está acontecendo em torno delas. Na outra ponta da vida, a pesquisa nos diz que as mudanças no andar de adultos mais velhos é prognóstico do início de doenças neurodegenerativas, como a doença de Parkinson. Parece que a forma como estamos em nosso corpo é representativa de nossa experiência interna.

---

19. Anderson, D I, Campos, J J, Witherington, D C, Dahl, A, Rivera, M, He, M, Uchiyama, I, Barbu-Roth, M, Poehlman, A T (2013). O papel da locomoção no desenvolvimento psicológico. *Frontiers in Psychology*, 4, 440, 1017.
20. Hillman, C H, Erickson, K I, Kramer, A F (2008). Seja esperto, exercite seu coração: efeitos do exercício no cérebro e na cognição. *Nature Reviews Neuroscience*, 9 (1), 58-65.
21. Hyde K L, Lerch J, Norton A, Forgeard M, Winner E, Evans A C, Schlaug G (2009). Os efeitos do treinamento musical no desenvolvimento estrutural do cérebro: um estudo longitudinal. *Annals of the New York Academy of Sciences*, 1169, 182-186.
22. Anderson, D I et al (2013).
23. Wolpert, D (2011). Palestra TED: 'A Verdadeira Razão para o Cérebro'. Disponível em: <www.ted.com/talks/daniel_wolpert_the_real_reason_for_brains?language=en>.

mover por nosso meio ambiente. Portanto, os processos que coordenam, executam e regulam o movimento são os blocos de construção para os processos mentais que coordenam, executam e regulam as assim chamadas funções ordenatórias superiores, tais como o pensamento e a experiência emocional.

Movimento e estado de espírito

Estudos clínicos nos dizem que os problemas de movimento relacionados à idade, por exemplo, a doença de Parkinson e a depressão, geralmente ocorrem simultaneamente, levando neurocientistas a concluir que, quando não nos movimentamos, nos sentimos desanimados. Também sabemos que o tratamento mais eficaz para a depressão leve a moderada (tão eficaz quanto os antidepressivos) é dar um passeio ou fazer algum exercício, e pode haver casos particulares de indicação de movimento meditativo, como o tai chi.[24]

O movimento também está ligado ao estado de espírito e à motivação, visto que nos movimentamos em direção às coisas de que gostamos e nos afastamos de daquelas de que não gostamos. Essa conexão forma toda a base de nosso comportamento, seja um movimento físico ou mental de aproximação ou afastamento – isto é, se atraímos (abordamos) ou evitamos pensamentos, sentimentos, emoções ou sensações corporais. Familiarizar-se com esses movimentos de flexão/extensão nos exercícios de BMT ajuda a entender nossas motivações e emoções mais básicas.

---

24. Payne, P; Crane-Godreau, M A (2013). Movimento meditativo para depressão e ansiedade. *Frontiers in Psychiatry*, 4, 71.

As práticas de movimento

A maior diferença entre o BMT e as aulas que ensinam práticas tradicionais de movimento, como artes marciais, é que desde o início o BMT leva a atenção plena a todos os movimentos, observando tanto os movimentos da mente quanto os do corpo.

Os princípios subjacentes do movimento de atenção plena são os mesmos de mindfulness que se pratica sentado. Ambos treinam a mente *para prestar atenção, de propósito e sem julgar, para o que está ocorrendo em cada instante.* No BMT, contudo, nos concentramos no corpo *em movimento.*

Embora seja verdade que as práticas de movimentos mais tradicionais, tais como tai chi e chi kung, podem ajudar a equilibrar corpo e mente, o progresso pode ser penosamente lento. As aulas geralmente dependem muito da repetição de sequências de movimentos, da correção manual da postura por parte do professor, e ficam pouco no caminho da instrução de abertura da experiência mental. O aprendizado surge do corpo. Muitas pessoas abandonam as aulas de tai chi antes de chegarem ao aprendizado, porque a natureza lenta da prática não combina bem com a mentalidade ocidental.

Nas aulas de BMT, tentamos conduzir cada simples movimento, ajuste e exploração com total consciência – observando a intenção, a execução e as consequências sensoriais resultantes de cada movimento, assim como a percepção remanescente de outras sensações mentais (pensamentos, sentimentos, memórias, imagens) à medida que forem surgindo.

Participar regularmente de práticas simples de movimento atento pode alterar de forma drástica sua experiência de mundo. As artes marciais e outras tradições orientais baseadas no corpo, como ioga e tai chi, têm em seu cerne a premissa de que movimento, postura e atenção corporal formam a consciência.

A resposta do aluno aos desafios do trabalho com o corpo de formas novas e exigentes revela uma ligação íntima entre corpo e mente. Alguns exercícios são projetados para serem particularmente provocadores, permitindo que o professor observe rapidamente o estado psicológico do estudante. Essa interface corpo-mente é questionada ainda mais à medida que você alcança níveis avançados.

Tanto no BMT quanto na prática de artes marciais, criamos sensações a fim de trabalhar com elas – por exemplo, você pode deliberadamente fazer um movimento para ajudar a conectá-lo com uma experiência. Essa é uma abordagem muito diferente das práticas tradicionais de atenção plena, como o programa MBSR, que são mais orientadas pela abordagem zen. As práticas zen tendem a evitar a criação de sensações, orientando os alunos para, em vez disso, "apenas observar" o que surge naturalmente. É importante lembrar que não existe maneira certa ou errada de se conectar à prática de atenção plena – do zen ao tai chi ou ao BMT –, todas são apenas técnicas diferentes de treinamento. O importante é que você saiba o que está fazendo e por que está fazendo.

BMT e o aprendizado incorporado

No BMT, e nos exercícios deste livro, uso uma abordagem conhecida como "aprendizado incorporado", que significa literalmente "aprender com o corpo", o qual reconhece que é possível haver um tipo de aprendizagem diferente e mais eficiente quando empregamos todo o nosso sistema mente-corpo.

No aprendizado incorporado, conceitos como *"abrir-se para experiência"*, *"desistir de pensamentos"* não são abstratos, mas são diretamente experimentados por meio da configuração do corpo em movimento – nós os sentimos e os vemos. Essa abordagem aprofunda nossa experiência de aprendizagem, já que estamos envolvendo muito mais do que apenas nossa mente "pensante". Você já se referiu a alguém como *captando* o que você diz? Ou disse estar *inclinado* a fazer algo? Ambos são exemplos linguísticos de aprendizado incorporado: verbos de ação corporal descrevendo um processo cognitivo (pensamento).

Cognição incorporada (embodiment) e debate de consciência

O termo "cognição incorporada"[25] atualmente experimenta um certo ressurgimento nos campos filosófico, cognitivo e da neurociência, particularmente em debates sobre a natureza da consciência. Apesar de muitas décadas de pesquisa, fizemos pouco progresso em

---
25. Wilson, M (2002). Seis visões da cognição incorporada. *Psychonomic Bulletin and Review*, 9 (4), 625-636.

nossas tentativas de entender isso nos concentrando apenas no cérebro. A comunidade científica agora está se abrindo para a ideia de que a cognição incorporada tem algo a oferecer para a maior questão filosófica – o que é consciência? A definição de "incorporação" é controversa, mas conto com o trabalho de Rosch, Thompson e Varela[26] como inspiração, que considera a cognição incorporada para aplicar à forma como o corpo e a mente interagem com o ambiente da pessoa e trabalham juntos para criar a experiência consciente.

A mente está no cérebro? O estudioso contemplativo B. Alan Wallace escreveu uma série de excelentes artigos e livros que abordam essa fascinante e complicada pergunta filosófica, examinando a visão budista da mente e a conceitualização moderna da mente e do cérebro.[27]

> **Ciência do cérebro**
>
> **Benefícios do aprendizado incorporado**
>
> Aprender com o corpo em movimento permite que você conte com uma rede mais amplamente distribuída de regiões cerebrais, exigindo mais de seu cérebro em seu aprendizado. Também permite que você veja de forma concreta padrões mentais como "segurar" ou "apertar", assim como o que é "abrir" ou "deixar ir" – os tipos de movimentos aos quais aspiramos na mente. Ver padrões no corpo ajuda você a identificá-los quando se encontrar com eles no reino abstrato da mente, permitindo que você os detenha em seus trilhos e modifique seus pensamentos e comportamento para tomar medidas mais positivas.

Um diálogo contínuo entre praticantes contemplativos e cientistas cognitivos, tais como os promovidos pelo Mind and Life Institute[28] (Instituto da Mente e da Vida), nos ajuda a descobrir mais sobre cérebro e mente. Por exemplo, psicólogos mais antigos achavam que as abordagens introspectivas forneciam dados não confiáveis e descontinuaram essa linha de pesquisa. Contudo, os métodos de treinamento de atenção desenvolvidos pelos contemplativos orientais fornecem uma chave para acessar essa experiência interior caótica de uma forma estruturada.

---

26. Rosch, E, Thompson, E, Varela, F J (1992). *The Embodied Mind: Cognitive Science and Human Experience.* MIT Press.
27. Wallace, B A (2013). *Meditations of a Buddhist Sceptic: A Manifesto for the Mind Sciences.* Columbia University Press.

28 Disponível em :<www.mindandlife.org>.

Meu treinamento em tai chi me aproxima da visão defendida por autores como Varela, que sugere que a mente se estende para além do cérebro, para o corpo e para o meio ambiente mais amplo. A prática de tai chi, principalmente quando feita no ambiente natural, nos permite realmente sentir a conexão entre nossos movimentos físicos, nossos movimentos mentais e os movimentos mutáveis observados na natureza que nos rodeia. Dessa forma, os movimentos meditativos do tai chi podem nos ajudar a entender a interconectividade de todas as coisas.

O exercício meditativo ao ar livre, como essa sessão em Hangzhou, na China, pode realmente nos ajudar a explorar a ligação entre nossa mente, corpo e meio ambiente.

BMT e a neurociência

O conhecimento sobre o funcionamento do cérebro está embutido na concepção e no ensino do programa BMT. Meu trabalho como pesquisadora e professora e meu conhecimento de neurociência esclarecem a escolha de exercícios e como eu os ensino.

Meu objetivo é tornar mais óbvia a percepção da prática para os participantes, dando-lhes uma experiência facilmente observável e direta de suas mentes, aumentando assim o potencial de aprendizado.

Basear-se em informações sobre inúmeros outros cérebros envolvidos em estudos científicos nos ajuda a ver que não estamos sozinhos em nossas experiências, e que cada uma de nossas experiências mentais e físicas não é algo que deva nos fazer sentir amedrontados ou oprimidos – elas são simplesmente uma consequência do que o cérebro faz.

Pesquisas recentes indicam que nossos cérebros são muito mais maleáveis do que se imaginava a princípio.[29] Vários

---

29. Um excelente link para isso é o clipe do YouTube "Neuroplasticitdade" (Sentis): Disponível em:<www.youtube.com/watch?-v=ELpfYCZa87g>.

estudos mostram que podemos mudar tanto a estrutura como a função das regiões, chave do cérebro relacionadas à atenção e à regulação emocional com o treinamento da atenção plena.[30] É possível reconectar as conexões no cérebro mesmo com adultos maduros. Essa neuroplasticidade tem sido repetidamente demonstrada em relação ao aprendizado motor[31] e agora está começando a ser mostrada como resultado do treinamento interno, atento de mindfulness.[32]

É possível reconectar as conexões no cérebro mesmo em adultos maduros.

A neurociência é usada de algumas maneiras na abordagem do BMT. Primeiro, o BMT pega o que se conhece sobre a organização do cérebro para orientar o desenvolvimento de exercícios, selecionando aqueles que tocam diretamente nas estruturas cerebrais que proporcionam as experiências de aprendizado mais consistentes e concretas. Por exemplo, o Capítulo 4 inclui exercícios que trabalham com rosto e mãos, pois as regiões do cérebro dedicadas a essas áreas são maiores do que aquelas focadas em outras partes do corpo (ver página 116).

Segundo, o BMT seleciona exercícios que se ajustam com os processos cerebrais de uma forma que possam ser claramente observados no corpo (por exemplo, nós inibimos movimentos físicos para regular as emoções – ver páginas 63-67). Por fim, compartilhar essa informação com o aprendiz interessado é, em minha experiência, um importante motivador que promove curiosidade e engajamento. A maioria de meus alunos comentou que isso realmente os ajudou a entender mais sobre a neurociência por detrás dos exercícios.

---

30. Hölzel, B K, Lazar, S. W, Gard, T, Schuman-Olivier, Z, Vago, D R, Ott U (2011). Como funciona a meditação mindfulness? Proposição de mecanismos de ação de uma perspectiva conceitual e neural. *Perspectives on Psychological Science*, 6 (6), 537-559.
31. Dayan, E, Cohen, L G (2011). Neuroplasticidade favorecendo o aprendizado de habilidade motora. *Neuron* 72, 443-454.
32. Hölzel *et al.* (2011).

Tendo dito tudo isso, vale a pena enfatizar que não se trata só de ciência! Este livro é uma tentativa de corrigir nossa tendência de viver em nossas mentes, ajudando você a descobrir os benefícios de se reconectar ao seu corpo.

Onde você está agora

Você descobriu algumas das razões por que pode ser uma boa ideia usar o corpo em movimento como sua principal ferramenta de treino de atenção plena. O movimento está intimamente ligado ao seu estado de espírito e ao seu pensamento, e pode proporcionar-lhe uma rota alternativa para explorar suas experiências conscientes. O corpo em movimento também empresta riqueza e profundidade à sua prática. E, o que é melhor, essa abordagem significa que você pode praticar mindfulness sempre que estiver se movimentando! Os próximos capítulos o levarão passo a passo por um processo de desenvolvimento das habilidades de atenção plena com exercícios que trabalham com o corpo.

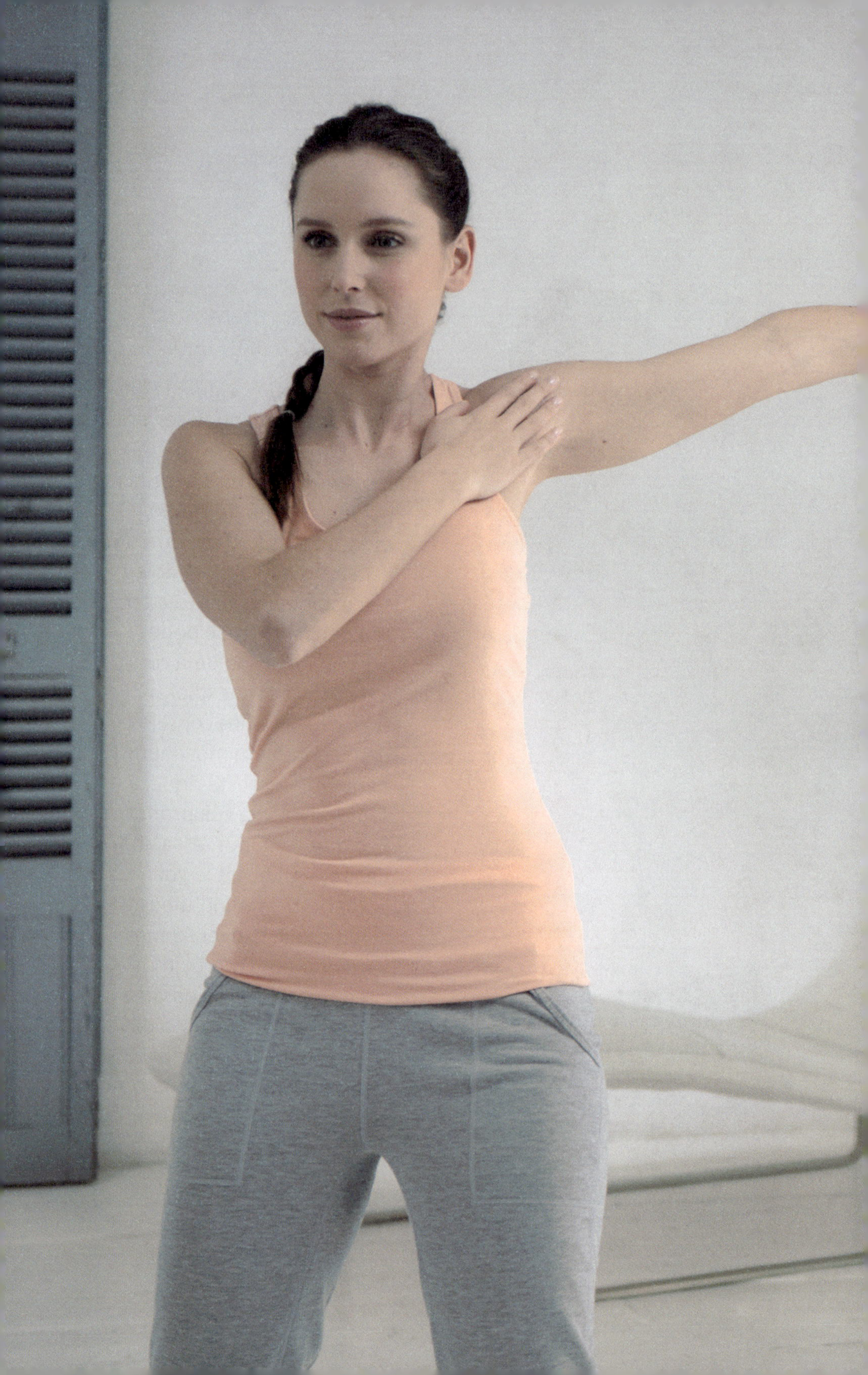

Pausa

O ponto central do treinamento de mindfulness é aprender a manter nossa atenção no que está acontecendo agora, no momento presente, não se prendendo ao passado ou correndo para o futuro. Quando ruminamos, presos em preocupações e ansiedades, não estamos realmente "aqui" e perdemos muito do que está acontecendo ao nosso redor. Mas onde está esse momento presente? Como chegamos lá? E como permanecemos? Neste capítulo você vai aprender dois métodos simples, porém eficazes, para acessar o momento presente: o primeiro é a pausa; o segundo é "mergulhar no corpo". Mesmo as pesquisas mais recentes no campo da neurociência agora sugerem que a atenção plena começa com o corpo.[33]

---

33. Kerr, C E, Sacchet, M D, Lazar, S W, Moore, C I, Jones, S R (2013). A atenção plena começa com o corpo: atenção somatossensorial e modulação descendente do ritmo alfa cortical na meditação mindfulness. *Frontiers in Human Neuroscience*, 7, 12, 1-15.
Veja também Catherine Kerr no YouTube: <www.youtube.com/watch?v=AGnGRgyLwMs>.

O desafio de desacelerar

Quando sugiro que as pessoas (e eu mesma!) desacelerem, a resposta geralmente é: "Como eu posso desacelerar? Há tanto a fazer e tão pouco tempo! Parar seria loucura!". Contudo, nós frequentemente temos de aprender da forma mais difícil que forçar a barra pode danificar o corpo e a mente.

Tudo parece trabalhar contra nós quando tentamos desacelerar. Graças principalmente à tecnologia moderna, o ritmo de vida de hoje pode parecer implacável. Todos nós podemos nos sentir reféns de nossos celulares, tablets, laptops e desconectar-se não é tarefa fácil – só de pensar sobre isso algumas pessoas já se sentem ansiosas! Isso gerou a ideia de ansiedade de separação de nossos dispositivos eletrônicos.[34] A velocidade e a ubiquidade desse fluxo de informação perpetuam os estados mentais direcionados para o futuro, desconectam-nos de nossos corpos e levam muitas vezes a uma ansiedade maior.

Fazer menos é fazer mais!

Apesar de parecer contraintuitivo, os momentos de "muito a fazer" são exatamente aqueles em que você precisa dar uma pausa – e apenas respirar. Paradoxalmente, diminuir o ritmo e pausar na verdade significam mais e não menos em nossas vidas, porque ganhamos tempo para experimentar completamente e apreciar nossas sensações e ações.

---

34. Clayton, R B, Leshner, G, Almond, A (2015). O iEu estendido: o impacto da separação do iPhone na cognição, emoção e fisiologia. *Journal of Computer-Mediated Communication*, 20(2), 119-135.

> **Vamos tentar**
> **Faça uma pausa agora**
> Aproveite esta oportunidade para parar – coloque o livro de lado e não faça nada. Agora inspire e expire três vezes. O que aconteceu?

> **Vamos tentar**
> **Conecte-se com a natureza**
> Encontre algumas imagens de cenas da natureza e ponha em seu computador; e observe o que acontece em seu corpo quando olha para elas. Se tiver a oportunidade, passe por um parque ou jardim comum quando estiver indo ou vindo do trabalho. O que você percebe sobre como se sente por estar em contato com a natureza?

A natureza não tem pressa

Podemos aprender muito com a natureza – leva tempo, mas mesmo assim as coisas são feitas. Com o passar das estações, primeiro vêm os brotos, depois as flores, então um dia elas se deterioram – a natureza nos ensina sobre o lento, constante e inevitável ciclo de vida e morte que nossa pressa sem sentido não pode mudar. Ligar-se ao mundo natural passeando por um parque, sujar nossas mãos no jardim ou praticar movimentos atentos ao ar livre nos permitem apreciar plenamente o valor e a riqueza de cada momento precioso na vida. Não só isso, observar as cenas naturais em oposição às urbanas pode restaurar nossas capacidades de atenção e melhorar a atenção executiva,[35] o tipo de atenção de que precisamos treinar no mindfulness (ver página 111).[36]

A filosofia taoísta baseia-se muito na observação da natureza e o *Tao Te Ching* defende as vantagens de fazer menos:

"Na busca do Tao, todos os dias algo é descartado. Cada vez menos você precisa interferir nas coisas, até que finalmente você chega à não ação. Quando nada é feito, nada é deixado por fazer."
Tao Te Ching, Capítulo 48

Não que precisemos parar de fazer as coisas completamente, mas devemos abandonar o impulso e a busca de orientação futura que nos mantêm fora do momento presente. Isso cria um novo espaço na mente, permitindo-nos pensar e ver mais

---

35. Berman, M, Jonides, J, Kaplan, S (2009). Os benefícios cognitivos da interação com a natureza. *Psychological Science*, 19, 1207-1212.
36. Jha, A P, Krompinger, J, Baime, M J (2007). O treinamento de atenção plena modifica subsistemas de atenção. *Cognitive, Affective, and Behavioral Neuroscience*, 7 (2), 109-119.

claramente para que possamos nos concentrar melhor nas coisas que de fato importam.

Como lidar com fatores externos

Muitos fatores além de nosso controle influenciam nosso caminhar – especialmente o lugar onde estamos. Notei que a vida acontece a uma velocidade vertiginosa em São Paulo, Brasil, uma cidade abastecida por cafeína e adrenalina; e que minha velocidade londrina de caminhar parecia frenética na descontraída Barbados, onde levei alguns dias para me ajustar. Mas mesmo nas cidades mais agitadas, há oportunidades de se conectar com a natureza e determinar seu próprio modo de andar.

> Passar alguns minutos contemplando as morosas, ainda que inevitáveis, mudanças do mundo natural pode proporcionar uma fuga imediata do ritmo frenético da vida moderna.

Centro de controle do ritmo interno

Ciência do Cérebro

Escondido sob a base de seu crânio, seu cerebelo passa ao seu cérebro informações sobre cronologia e sequência de eventos. Essa informação de tempo não é importante apenas para a boa execução dos movimentos físicos, mas também para planejar e ordenar seus pensamentos e fala. Se o cerebelo estiver danificado, a pessoa experimentará uma série de dificuldades em suas funções cognitivas, emocionais e motoras. Isso sugere que pode haver processos comuns subjacentes à função cerebral que são controlados por estruturas neurais comuns. A forma como as informações de tempo são usadas pode ser diferente dependendo da tarefa (mexer o braço, por exemplo, ou planejar suas próximas férias), mas sempre requer um comando temporal e o envolvimento do cerebelo. Como veremos mais adiante (ver páginas 70-72), ao trabalhar com processos que atravessam diferentes domínios (motor, cognitivo, emocional), existe a possibilidade de treinar em um domínio (neste livro, o domínio motor) para facilitar o desenvolvimento em outros domínios (cognitivo e emocional). Por isso, com o treinamento do corpo e com o movimento podemos colher benefícios nos domínios do pensar e do sentir.

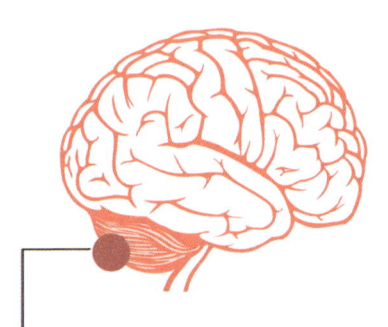

Os pontos vermelhos indicam a posição do cerebelo, que controla a forma como seu cérebro compreende o tempo e a sequência de eventos.[37]

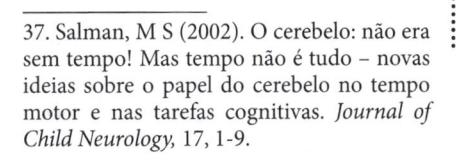

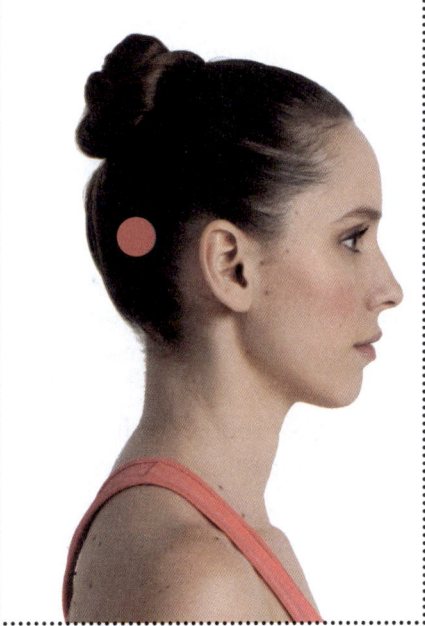

---

[37]. Salman, M S (2002). O cerebelo: não era sem tempo! Mas tempo não é tudo – novas ideias sobre o papel do cerebelo no tempo motor e nas tarefas cognitivas. *Journal of Child Neurology*, 17, 1-9.

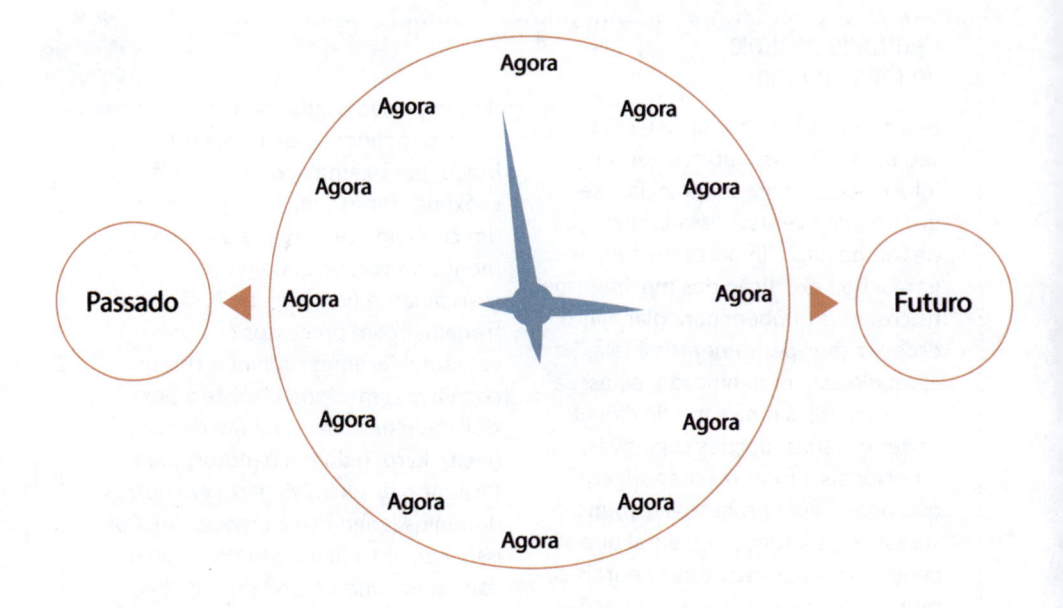

O relógio do agora pode ajudá-lo a se lembrar de focar no presente, criando, portanto, mais espaço em sua mente e mais tempo em sua vida.

Em Londres, eu considero que passar um tempo em uma área verde tranquila é uma forma realmente útil de desacelerar.

Observar a influência de fatores externos sobre seu ritmo pode ajudá-lo à medida que desenvolve sua prática de atenção plena. Em última análise, tente tomar conhecimento de seu velocímetro interno, de forma que possa escolher seu próprio ritmo, de dentro para fora, esteja onde estiver.

Como usar seu corpo para acessar o "agora"

Desacelerar fisicamente seu corpo, mesmo que seja apenas caminhando mais devagar, é uma ótima forma de começar a explorar os hábitos de seu ritmo no caminhar mental e físico.

Eu uso a imagem do relógio do agora (veja acima) para me ajudar a lembrar que cada segundo que passa é uma oportunidade de estar presente. Esses momentos *atuais* não são apenas segundos que passam antes de algum evento futuro iminente, são nossa vida; eles são tudo o que realmente temos. Aqueles que sofreram uma doença repentina ou experiência de quase morte sabem exatamente o que significa valorizar o momento que é o agora. Com a prática contínua de atenção plena, conforme você aprende a viver mais e mais no presente, seus *momentos atuais* podem se expandir, criando mais espaço em sua mente e mais tempo em sua vida para as pessoas e coisas importantes para você.

À medida que você passa rapidamente pela vida, todos os tipos de sensações, perspectivas e emoções que se encontram às margens de sua consciência passam por você sem sua total atenção. Parar fisicamente o corpo em uma prática de meditação tradicional sentada é um modo de observar o que se desdobra no espaço mental; o movimento atento é outra dessas formas.

Vamos praticar: nado de costas

Muitos de nós mantemos tensão em nossos ombros, pescoço e nos músculos ao redor. Este é um exercício maravilhoso para ajudar a liberar essa tensão. Executado de forma lenta e consciente, o movimento também nos ajuda a permanecer no momento presente e a observar nossa experiência conforme se desenrola ao longo do tempo. Pratique o exercício de 5 a 10 minutos, sentado ou em pé, dentro ou fora de casa.

1. Primeiro, familiarize-se com o movimento. Adote uma postura em pé do tai chi, com os pés apontados para a frente, os joelhos levemente flexionados, pélvis encaixada e com uma postura alerta, porém relaxada, de seu tronco. Deixe as mãos soltas nas laterais de seu corpo, com as palmas voltadas para baixo e os dedos apontados para a frente. Você pode também se sentar em uma posição ereta firme, porém relaxada, com espaço suficiente para girar seus braços.
2. Comece elevando seu braço não dominante (ou seja, seu braço esquerdo se você for destro).
3. Eleve seu braço não dominante acima de sua cabeça.
4. Abaixe-o por trás de você, completando um círculo. Repita os passos 1-4 em um ritmo natural para que você pegue o jeito do movimento.

5. Agora repita o movimento mais devagar. Levante o braço, elevando-o vagarosamente com pleno relaxamento e atenção.
6. Atinja o ápice do movimento, sentindo uma ligeira extensão em seu braço e girando sua palma para fora enquanto faz o movimento.
7. Continue o movimento circular enquanto gira seu ombro e abaixa o braço por trás de você, como se estivesse nadando vagarosamente de costas.
8. Após alguns círculos, passe para o outro braço. Em seguida volte para o braço não dominante e repita o movimento algumas vezes, reduzindo ainda mais a velocidade de sua braçada. Repita com o outro braço. Tente manter seus movimentos suaves e contínuos, observando se há uma possibilidade de suavizar e liberar qualquer tensão em seu corpo. Periodicamente, verifique se seu rosto e seus membros inferiores estão o mais relaxados possível.

Nado de costas (continuação)

9. Agora que você pegou o jeito do movimento, vamos usar os princípios da atenção plena para realmente explorar as sensações. Começando com seu braço não dominante, faça o movimento do nado de costas, observando quaisquer sensações em seu ombro – principalmente no esforço que precisa fazer para começar a executar a volta com seu braço. Faça alguns movimentos focando apenas em sua mão e pulso. Sinta a pressão do ar contra sua mão à medida que ela gira. Você consegue sentir algum ponto de tensão ou de relaxamento em seu pulso e mão enquanto eles se movimentam? Gire o pulso e explore a direção de sua mão enquanto torce seu braço – como as sensações mudam à medida que se alteram as posições de sua mão?

10. Foque sua mente no tempo de execução dos movimentos, como cada músculo trabalha para completar o movimento do braço. O que você sente agora... agora... e agora?

11. No momento em que seus dedos apontarem para o céu, vagarosamente se alongue mais – como se estivesse tentando apanhar uma fruta fora do alcance no galho de uma árvore. Preste atenção nas sensações na articulação de seu ombro. De que forma esse alongamento afeta sua habilidade de fazer o movimento de nado de costas?

⑨ Enquanto faz o movimento de nado de costas, foque nas sensações em seu ombro e, em seguida, em sua mão e pulso.

⑪ Enquanto eleva o braço, foque nas sensações na articulação de seu ombro.

12. Volte sua atenção ao movimento completo de seu braço no nado de costas. Explore os momentos de esforço e soltura durante todo o processo. Você está colocando mais esforço do que é realmente necessário em algum lugar? Existe algum ponto no movimento em que você poderia forçar menos ou se mover com mais facilidade?
13. Amplie seu foco para além de seu braço – que sensações você pode notar em suas costas? Em sua coluna? Em seu pescoço?
14. Desacelere seu movimento até parar e, ao fazer isso, observe a transição entre movimento e imobilidade. Separe pelo menos 2 ou 3 minutos para experimentar a mudança de sensação de um para o outro. Como o braço que parou de se mover parece diferente do braço que estava parado?
15. Repita os passos 9-14 com seu outro braço (mais forte). Muitas pessoas são mais destras ou canhotas, então preste muita atenção a quaisquer diferenças nas sensações que você sente em seu lado mais forte.

> **Saiba mais**
>
> **Agora tente isto…**
>
> - Toque suavemente seu ombro que está se movimentando com as pontas dos dedos da outra mão. Observe a sensação do movimento nas pontas de seus dedos. Isso leva outra camada de sensação para o cérebro.
> - Tente movimentar seu braço em velocidades diferentes. Você pode executar um movimento vigoroso, deixando seu braço girar livremente, com o movimento partindo da cintura e mantendo as pernas firmes. Gire seu braço nessa velocidade dez vezes e depois descanse e fique atento às sensações em seu braço, ombro e costas. Mantenha a pausa o máximo possível, preenchendo sua mente com quaisquer sensações que estejam acontecendo em seu braço.
> - Repita o exercício, novamente um braço por vez, mas dessa vez usando o movimento circular para a frente.
> - Tente movimentar apenas seu ombro, em vez do braço todo.

Ampliando sua área de foco, observe as sensações em suas costas, coluna e pescoço.

O que você descobriu?

Quando comecei a fazer esse exercício, notei rapidamente como um ombro estava rígido e dolorido comparado com o outro. Imediatamente, deixei de carregar meu laptop em uma bolsa no ombro e passei a levá-lo em uma mochila, distribuindo melhor o peso por todo o meu corpo. Conforme nossa atenção se torna mais plena, ouvimos mais de perto o corpo e conseguimos responder com as ações corretivas apropriadas. Que dores ou rigidez esse exercício destacou para você? Muitas pessoas ficam mais conscientes dos músculos do pescoço, assim como daqueles do ombro.

Pense em como esse exercício o alerta para pensamentos ou emoções que surgem em resposta a sensações agradáveis ou desagradáveis em seu corpo. Algumas partes do movimento pareceram especialmente boas para você? Talvez esses tenham sido os instantes em que estava fácil ir devagar e ficar "curioso" (como se observasse as sensações com os olhos de uma criança)? Houve momentos em que sentiu desconforto? Houve momentos em que foi um pouco rápido demais e foi difícil manter a curiosidade?

Para estar realmente com atenção plena, você precisa ter os mesmos níveis de curiosidade em todas as suas experiências, sejam elas agradáveis, desagradáveis ou neutras. Praticar o movimento de atenção plena dessa forma pode nos ajudar a de modo ver mais claro quando perdemos a curiosidade, principalmente em resposta às sensações corporais desagradáveis ou neutras (algumas vezes entediantes ou mesmo inexistentes).

<u>Para estar realmente com atenção plena, você precisa ter os mesmos níveis de curiosidade em todas as suas experiências.</u>

Desacelere

Desacelerar fisicamente seu corpo, mesmo que seja apenas caminhando mais devagar, é uma ótima maneira de começar a explorar o ritmo de seus hábitos, tanto físicos quanto mentais. Experimente fazer uma "auditoria de ritmo", revisando seus hábitos diários e observando quando você corre, quando está lento e quando conduz sua vida em um ritmo que pareça natural, alerta e calmo. Você pode descobrir que há certos momentos e situações em que se apressa e isso não parece ajudar.

Isso geralmente inclui comer, viajar ou se comunicar. Tente fazer tudo isso mais devagar. Assim, você verá como sua mente e seu corpo interagem nessas situações. Você terá maior acesso à riqueza das sensações físicas e mentais relacionadas à sua experiência atual, tornando-a muito mais valiosa.

Experimente tirar um dia todo de folga (ver página a seguir). Diminua seus pensamentos e ações ao escovar seus cabelos ou dentes, e ao tomar seu café da manhã; faça o mesmo ao dirigir-se ao trabalho ou ao ponto do ônibus. Durante todo o dia, faça conscientemente uma pausa entre uma atividade e outra, tais como entre reuniões ou telefonemas. Aprenda a levar atenção plena às sensações que se passam com você à medida que diminui o ritmo de tudo. Com um pouco de prática, parar logo será sua segunda natureza.

Você também pode usar suas próprias sensações como um gatilho para desacelerar. Quando notar uma emoção particular em seu corpo – por exemplo, um aumento na empolgação ou na raiva ou uma onda de ansiedade, prazer ou empatia – desacelere e faça uma pausa para experimentar diretamente a emoção. Quando você desacelera deliberadamente, tornando-se mais consciente do seu ritmo durante o dia, começará a se sintonizar muito mais com o que pensa e sente, e com o mundo ao seu redor. Você pode começar a ver como as sensações físicas e mentais se desenrolam em seu corpo ao longo do tempo.

> **Vamos tentar**

Um dia de pausa

Ao levantar
Pare e leve sua mente para seu corpo antes mesmo de sair da cama.

Antes de tomar o café da manhã
Conecte-se com suas sensações corporais antes da primeira mordida.

Na rua e no transporte público
Se for pegar um ônibus ou trem, dê um passo para o lado e deixe uma ou duas pessoas embarcarem na sua frente. Se estiver caminhando, sinalize para que outra pessoa atravesse a faixa de pedestres na sua frente.

Ao chegar ao seu local de trabalho
Pare um momento antes de passar pela entrada de seu local de trabalho, deixando do lado de fora o que não pertence a esse local. Entre nesse novo espaço totalmente comprometido.

Quando o telefone tocar
Espere – não atenda de imediato. Deixe que toque três vezes antes de atender.

Ao receber um e-mail
Pare – você consegue resistir ao impulso de olhar imediatamente o conteúdo? Pare de novo antes de responder, e novamente antes de enviar.

Quando perceber um sentimento
Pause – pare o que estiver fazendo e explore completamente as sensações em seu corpo.

Movimento atento e a passagem do tempo

Ao observar o desenrolar de seus movimentos e sensações, você pode se treinar para impedir emoções negativas em seu caminho.

A prática do movimento atento treina seu cérebro a se tornar mais sensível para a sequência de eventos físicos e mentais em seu corpo. Por exemplo, experimente uma caminhada atenta e observe como ela o leva através do tempo, a cada instante: "Primeiro, eu transfiro o peso de meu corpo para o pé direito, então levanto o pé esquerdo, depois movimento a perna esquerda e daí o pé esquerdo toca o chão…", e assim por diante. Quanto mais praticarmos a caminhada atenta, mais nos envolveremos completamente com cada momento.

Qualquer momento pode ser quebrado em estágios menores. Este é o sol da meia-noite, sua passagem foi capturada por fotografia *time-lapse*, no Alasca, no solstício de verão.

Podemos também experimentar sensações corporais momento a momento, e isso também nos fornece um veículo com o qual podemos observar o desenrolar do tempo (por exemplo, primeiro as sensações de sentar no assento de uma cadeira, depois das costas contra o espaldar da cadeira, em seguida as sensações táteis de suas roupas, depois a temperatura de sua pele e assim por diante). Se você puder praticar esse nível de atenção plena regularmente, conseguirá desenvolver a habilidade de distinguir cada vez mais os mínimos detalhes na cronologia e na sequência de seus eventos mentais. E uma vez que você fizer isso, estará em posição de detectar mais rapidamente os pensamentos negativos habituais em desenvolvimento, assim você pode eliminá-los de uma vez de sua mente.

A prática

Consciência do movimento ao longo do tempo

Transferência de peso para o pé direito → Joelho esquerdo flexiona → Pé esquerdo levanta → Perna esquerda se movimenta → Pé esquerdo abaixa →

Consciência das sensações corporais ao longo do tempo

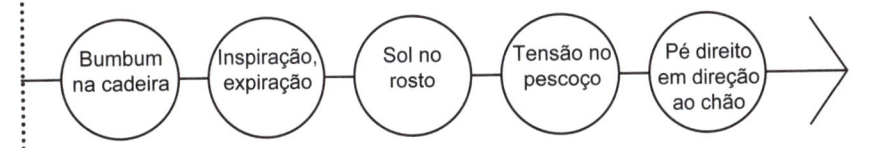

Bumbum na cadeira → Inspiração, expiração → Sol no rosto → Tensão no pescoço → Pé direito em direção ao chão →

Consciência da experiência mental ao longo do tempo

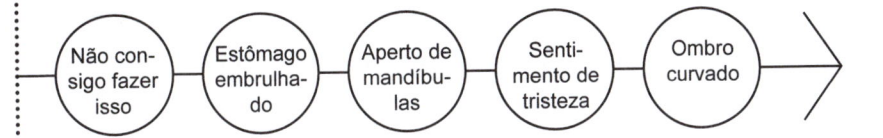

Não consigo fazer isso → Estômago embrulhado → Aperto de mandíbulas → Sentimento de tristeza → Ombro curvado →

A primeira e a segunda fileira ilustram como a atenção plena pode ser fixada em seus movimentos e sensações, nos dois exemplos de caminhar e sentar na cadeira. A última fileira mostra como um pensamento ansioso logo se transforma em desconforto físico e emocional.

Vamos praticar: movimentos corporais e respiração

Este exercício ajuda você a perceber a passagem do tempo pela observação de como sua respiração aciona uma sequência de sensações em seu corpo. Você pode praticar este exercício em qualquer lugar e a qualquer hora, mas ele é mais eficaz quando estiver sentado ou deitado no chão e puder praticar por 5-10 minutos.

1. Foque em seu torso (a região entre seu pescoço e barriga). Sintonize-se em qualquer sensação que sentir se movendo nessa região.
2. Inspire, expire, em qualquer ritmo que sua respiração esteja neste exato momento. Siga quaisquer sensações e movimentos em seu torso. Onde você sente sua respiração ao inspirar – no primeiro instante, no segundo e assim por diante? Que movimento você sente e onde, a cada momento, conforme a respiração o atravessa? Feche os olhos e conecte-se com os movimentos e as sensações em seu corpo.
3. Coloque uma mão em seu peito e a outra na barriga. Continue a respirar em seu ritmo natural. A respiração pode diminuir, mas isso não é obrigatório para esse ou qualquer um dos outros exercícios; de preferência, deve ser suave e contínua. Transfira sua consciência do movimento de sua respiração para o movimento de suas mãos, conforme elas sobem e descem. Agora, foque no movimento de sua respiração nas partes da frente e de trás de seu torso.

Uma nota sobre a respiração
No tai chi, instrui-se apenas que a respiração deve ser silenciosa, suave e contínua. Treinar a respiração dessa forma significa que ela se ajustará naturalmente ao seu nível de esforço e se sincronizará aos seus movimentos sem ter de fazer nenhuma sequência especial de respiração.

Aprenda a inibir seus movimentos

O treinamento do movimento atento de seu corpo pode ajudá-lo a aprender como regular seus pensamentos e emoções.

Como você pode ter percebido no exercício do Nado de Costas (ver páginas 54-57), mover-se devagar e com atenção é difícil – demanda esforço. Em 2001, fiz parte de uma equipe que publicou um artigo mapeando as redes neurais que usamos para atingir a inibição motora (em termos leigos, os caminhos no cérebro que utilizamos para desacelerar ou parar nosso movimento). Nesse artigo, escrevemos que "todos os atos comportamentais, cognitivos ou motores exigem um equilíbrio muito bem sintonizado entre os processos iniciais e inibitórios para fornecer preparação adequada, iniciação, controle em tempo real e inibição adequada deste ato".[38]

Seu sistema motor é a parte do sistema nervoso que controla seus movimentos. Você usa os processos inibitórios quando precisa mudar seu movimento (por exemplo, quando necessita desviar de um obstáculo) e também quando precisa parar um movimento já iniciado (quando você desacelera). Os processos inibitórios acontecem ao longo

---

38. Rubia, K, Russell, T A, Overmeyer, S, Brammer, M J, Bullmore, E T, Sharma, T, Simmons, A, Williams, S C R, Giampietro, V, Andrew, C, Taylor, E (2001). Mapeamento da inibição motora: ativações cerebrais genéricas em diferentes versões das tarefas ir-não-ir e parar (classificação binária). *NeuroImage*, 13 (2), 250-261. Citação da página 250.

de vias no hemisfério direito do cérebro, incluindo aquelas nos córtices frontais inferior e medial, e lobos parietais. Quando você faz um movimento lento, a ativação nessas regiões muda o programa motor, acionando os freios e desacelerando.

Pelo estudo da prática de tai chi em pessoas idosas, soubemos que o uso consistente dessas vias melhora a habilidade de a pessoa ativar a inibição motora quando necessário – e para adultos mais velhos isso significou menos tropeções e quedas.[39] A pessoa fica simplesmente mais capaz de adaptar o programa motor sempre que encontra um obstáculo.

Mas não é apenas nosso sistema motor que tem vias de inibição relacionadas. Outras partes do cérebro são responsáveis pelas inibições cognitiva e emocional.[40] Você usará a inibição cognitiva quando estiver trabalhando em um escritório movimentado e tiver de desviar sua mente da distração causada pela conversa dos colegas ou pelo barulho das máquinas ao seu redor. Você usará a inibição emocional quando notar que está começando a se sentir desgastado e quiser parar com isso – pense nas vezes em que você se afastou (mesmo que por um momento apenas) quando sentiu vontade de chorar ou de gritar.

A competência de inibir comportamentos, pensamentos e emoções é vital para nossa capacidade de funcionar no mundo. Quando ela estiver comprometida (por exemplo, naqueles que sofrem de Transtorno de Déficit de Atenção com Hiperatividade), ocorrem problemas com a função social. Contudo, a inibição excessiva das emoções também não é boa para você – se você suprimir seus sentimentos negativos, como raiva ou culpa, terá maior risco de depressão.[41]

A prática do mindfulness pode treiná-lo a atingir um equilíbrio hábil. Simplificando, a prática nos ensina a não inibir ou parar todas as emoções, mas a usar nossos mecanismos de inibição emocional com moderação e adequação, para que possamos regular me-

---

39. Li F, Harmer P, Fisher K J, McAuley E, Chaumeton N, Eckstrom E, Wilson N L (2005). Tai chi e a redução de quedas em adultos mais velhos: um processo randomizado controlado. *Journal of Gerontology*, 60A (2), 187-194.

40. Dillon, D, Pizzagalli, D (2012). Inibição de ação, pensamento e emoção: uma revisão neurobiológica seletiva. *Applied and Preventative Psychology* 29, 997-910.

41. Liverant, G I, Brown, T A, Barlow, D H, Roemer, L (2008). Regulação da emoção na depressão unipolar: os efeitos da aceitação e supressão da experiência emocional subjetiva na intensidade e duração da tristeza e afeto negativo. *Behaviour Research and Therapy*, 46 (11), 1201-1209.

lhor nossos estados emocionais e ter vidas mais felizes e saudáveis.

Os exercícios de BMT treinam predominantemente sua inibição motora, mas as conexões no cérebro significam que eles também lhe proporcionam uma "energia" extra para usar quando for necessário refrear seus processos de pensamento ou suas emoções.[42]

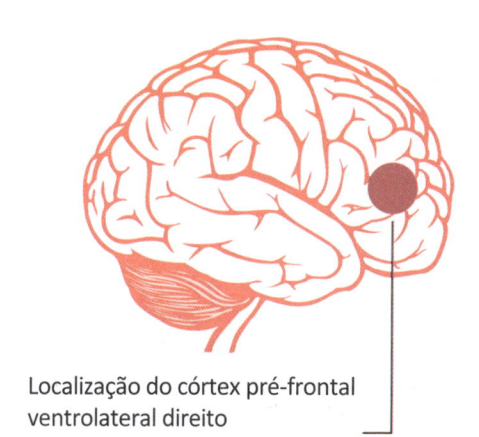

naquele espaço momentâneo, o deixa ouvir sua intuição ("não é uma boa ideia") e parar completamente o envio ou reler o que escreveu mais uma vez, para ter certeza de que tudo que disse era exatamente o que precisava ser dito. Em um estudo que conduzi com colegas no Brasil, meditadores leigos demonstraram uma habilidade de observar, a partir de dentro, a iminente execução de um movimento e recuar.[43] Isso aumentou a adequação e a precisão de suas ações.

Localização do córtex pré-frontal ventrolateral direito

Região-chave do cérebro para inibição. Os processos inibitórios acontecem predominantemente ao longo de vias no hemisfério direito do cérebro, incluindo o córtex frontal inferior e medial e os lobos parietais. Uma pesquisa recente aponta para o córtex préfrontal ventrolateral como uma região-chave envolvida na inibição, abrangendo os domínios da regulação motora, do pensamento e da emoção.[44]

Inibição motora e cognitiva na vida diária

Você já enviou um e-mail que desejou não ter enviado? O treinamento no movimento de atenção plena o encoraja a sentir, observar e inibir o gesto de "enviar" e,

---

42. Berkman, E T, Burklund, L, Lieberman, M D (2009). Derrame inibitório: inibição motora intencional produz inibição límbica incidental por meio do córtex frontal inferior direito. *NeuroImage*, 47, 705-712.

43. Kozasa, E, Sato, J, Lacerada, S, Barreiros, M, Radvany, J, Russell, T A, Sanches, L, Mello, L and Amaro Jr, E (2012). O treinamento da meditação aumentou a eficiência do cérebro em uma atividade atenta. *NeuroImage*, 59, 745-749.

44. Lieberman, M D (2009). O sistema de freio do cérebro (e como "usar suas palavras para acessá-lo). *NeuroLeadership*, 2. Disponível em: <www.neuroleadership.com/wpcontent/uploads/2009/02/A1-TBBS-US.pdf>.

Você já teve de "morder a língua para não falar besteira"? Se sim, provavelmente estava inibindo todos os três domínios de comportamento, pensamentos e emoções, empregando a importante região ventrolateral direita do cérebro (veja a ilustração na página anterior). Muitas vezes, você pode sentir mais intensamente o sentido físico do comando motor da fala, desdobrando-se em sua boca. Embora você literalmente não morda sua língua, você para de movimentar seus lábios! Você pode, então, com a prática, ver surgir pensamentos e ações e, deliberadamente, afastá-los. Parar antes de falar permite que observe as redes de inibição cognitiva (planejamento das palavras) e motora (produção do discurso). Dependendo da situação, pode haver também um componente emocional. Tente fazer o exercício da página seguinte.

Pare antes de falar

A prática

Adicione uma pausa de três segundos na próxima vez que falar com ou responder para alguém.

O O que você observou?
O Você conseguiu notar os músculos ao redor de sua boca preparando-se para falar?
O De que forma você pode sentir que sua decisão de parar inibiu o movimento da boca?
O O que você observou em sua mente durante a pausa?

Tente falar 10% menos amanhã. Depois, 20% menos no dia seguinte. Em seguida, 50% menos no dia depois deste. Observe o que está fazendo para reduzir sua quantidade de fala. Recuar e parar significa que você pode responder em vez de reagir. Se você criar o hábito de parar, irá se dar uma escolha de ação, nessa fração de segundo, durante a qual poderia, de outra forma, reagir emocionalmente. Talvez você fosse gritar com um membro da família, mas recuar significa que pode responder com calma; talvez você fosse repreender o funcionário da loja de seu bairro, mas pode escolher pedir ajuda de outro funcionário ou sair e comprar em outro lugar. Sua pausa cria espaço e, dentro desse espaço criado, tempo para uma resposta mais habilidosa. Contudo, ficar bom em parar antes de falar exige prática, especialmente se suas emoções estiverem descontroladas, mas continue praticando e achará mais fácil com o tempo.

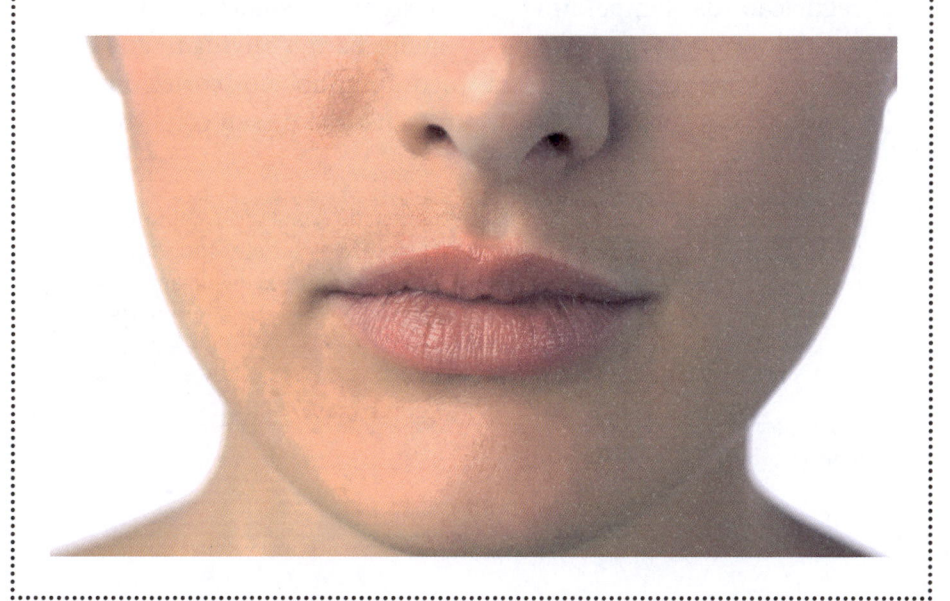

Como tocar o presente

Podemos refletir sobre o que temos feito e também projetar nossa mente no futuro, mas o corpo é uma máquina relativamente simples. Podemos nos lembrar de ter sentado em uma cadeira dura, mas não conseguimos recobrar as sensações reais. O corpo nos liga ao momento presente.

A qualquer momento seu corpo envia milhões de sinais para seu cérebro, fornecendo informações detalhadas sobre tudo, de movimento e digestão à regulação da temperatura e seu estado emocional. A maioria dessas informações está fora de nossa consciência – não as percebemos –, a menos que escolhamos olhar cuidadosamente, com atenção plena.

Prestar atenção às sensações puras do corpo a cada momento significa voltar os olhos da mente para a atividade que está acontecendo no córtex somatossensorial de seu cérebro. Essa

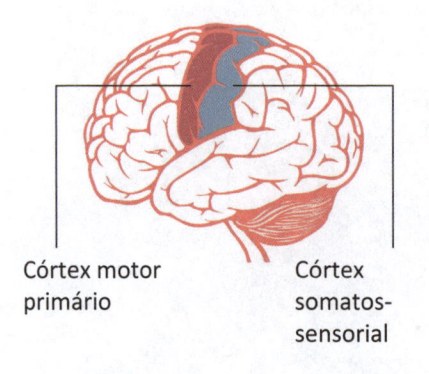

Córtex motor primário

Córtex somatossensorial

> Centro de comando cerebral.
> O córtex somatossensorial interpreta mensagens de, digamos, sua mão, à medida que a informação percorre sua coluna. Ela então se comunica com áreas motoras, para gerar o movimento.

área e o córtex motor adjacente estão ativos quando movimentamos nossos corpos. Essas regiões recebem e retransmitem mensagens de e para o corpo, fornecendo dados sobre as mudanças de sensações que acontecem conforme nos movimentamos. Concentrar-se nessas sensações pode nos permitir acessar, por meio da consciência, a forma mais pura de dados sobre nossos corpos. Para a execução do movimento, os neurônios no córtex somatossensorial se comunicam com aqueles no córtex motor primário adjacente e nas áreas motoras suplementares. Ao levar a atenção ao corpo em movimento, você pode tirar proveito das sensações representadas e processadas em várias regiões cerebrais.

Nossa tarefa no treinamento de atenção plena, especialmente quando mergulhamos fundo no corpo, é saber a diferença entre *pensar* sobre, digamos, a mão (fatos, imagens, memórias, etc.), e realmente sentir as sensações puras da mão entrando no cérebro.

Seu cérebro é bom em cortar caminho para as sensações reais dessa maneira. Você pode ter notado quando tentou se conectar às sensações puras de seu corpo (veja exercício, páginas 54-57) quando você vivencia uma imagem (de sua mão, por exemplo) ou um pensamento sobre ela – um rótulo relacionado ao movimento que você está fazendo, mas não o movimento em si. Lembre-se de que o objetivo é observar o movimento efetivo a cada momento pela atividade neural no córtex somatossensorial. Se você está se concentrando no que sua mão se parece, mudou para a observação das atividades em outras regiões cerebrais.

Faça o próximo exercício (na página seguinte) para experimentar os níveis diferentes nos quais sua mente percebe seu corpo. Os exercícios nas páginas 73-75 são projetados para ajudar você a desenvolver um novo hábito de "mergulhar no corpo" – aprofundando sua consciência das sensações físicas. Mergulhar no corpo e mexê-lo um pouco é essencial para pessoas que passam horas sentadas, pois isso proporciona ao corpo a oportunidade de se alongar e nos tira de nossos pensamentos para focarmos no presente, em vez de nos preocuparmos com o futuro ou passado.

> **Vamos tentar**
>
> **Abandone rótulos**
>
> Preste atenção a uma mão (não importa qual). Deixe sua mente gerar imagens de mãos, conhecimento sobre mãos, memórias de mãos. O que acontece? Agora, deliberadamente, escolha algumas imagens ou rótulos e observe as sensações puras da mão escolhida. Pode ajudar se colocar sua mão sobre uma superfície de forma que você sinta algo encostado nela.
>
> Agora experimente separar a classificação verbal de sua mão da sua experiência dela. Repita a palavra "mão" mentalmente, mas, enquanto repete, procure abandonar o rótulo em si e, em vez disso, repouse sua mente na sensação pura de sua mão.
>
> Para cada exercício do livro, conscientize-se de quando percebeu que sua mente estava oscilando da sensação pura para imagens ou classificações verbais e traga-a de volta para o movimento de atenção plena. Com a prática, você logo conseguirá permanecer plenamente no momento, todas as vezes.

Progressão da sensação pura ao longo do tempo

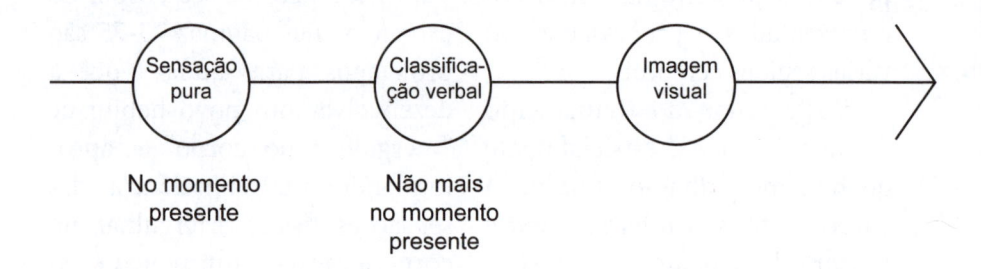

Sensação pura — No momento presente
Classificação verbal — Não mais no momento presente
Imagem visual

Quando percebemos a sensação pura, a mente rapidamente nos dá um rótulo verbal ou uma imagem visual. O treinamento de atenção plena nos ajuda a identificar quando deixamos nossas sensações presentes e voltar a elas assim que possível.

Vamos praticar: seguindo com posturas

A prática regular deste exercício treina você a permanecer em seu corpo e no momento presente, bem como melhorar sua postura e consciência corporal. No começo, faça isso em um ambiente silencioso de 5 a 10 minutos para realmente conseguir notar todas as sensações. Após praticar, você pode fazer uma versão mais curta sempre que estiver sentado.

1. Encontre uma posição sentada na qual você fique tanto alerta quanto relaxado. Coloque as mãos no colo de forma que seus braços fiquem bem apoiados. Expire e comece a levar atenção para seu corpo, deliberadamente se soltando ou se afastando de sua mente ocupada (pensante) com as sensações puras em seus ossos, músculos e pele. Use sua expiração para ajudá-lo a localizar o(s) lugar(es) em seu corpo onde você percebe os efeitos da gravidade. Observe as regiões em que há pressão – locais onde sente a compressão de sua carne. Preste atenção na temperatura do ar em sua pele, a textura de suas roupas e outras sensações táteis.

2. Na próxima inspiração, encolha suavemente a barriga e sinta o alongamento de sua coluna, sinta-se crescer. Mantenha atenção na coluna, então expire novamente, soltando os músculos, tendões e carne ao redor de sua estrutura óssea; solte e relaxe. Preste atenção às imagens visuais e classificações verbais, e abandone-as rapidamente.

3. Inspire de novo e, ao expirar, use a expiração para guiar sua atenção sistematicamente para baixo em seu pescoço e ombros, peito e torso – expire como se estivesse soltando o ar para baixo até seus braços e para dentro de suas mãos e colo.

4. Ao expirar, use sua mente para liberar qualquer tensão em sua lombar, relaxando os músculos, levando sua atenção para seus quadris e pélvis. Observe como sua pélvis segura seu torso na cadeira.

5. Leve atenção até seus pés no chão. Faça da absorção sensorial de seu corpo sua prioridade principal, acolhendo as sensações com alto grau de curiosidade – como se as estivesse experimentando pela

primeira vez, pelos olhos de uma criança. Continue olhando, observando, percebendo neste momento, agora neste instante, agora neste momento... e no próximo.

6. Observe quaisquer sensações em seus pés (digamos de suas meias ou sapatos). Preste atenção no pé esquerdo e depois no direito. Se você notar alguma atividade mental, como planejamento, julgamento, análise, não resista, apenas observe-os e suavemente abandone-os ou iniba a corrente de pensamento e restabeleça as sensações corporais como seu foco principal.

Foco na postura

Há muitos momentos na vida diária em que você pode trazer seu corpo inteiramente para dentro de sua mente. Tente isso quando estiver:

○ esperando o ônibus/trem/fotocópia/chaleira no fogão;
○ digitando ou pesquisando na internet;
○ fazendo uma ligação telefônica;
○ comendo/cozinhando/fazendo compras.

Vamos tentar

Vamos praticar: aqui e agora

Este exercício é um grande antídoto para uma mente ocupada e inquieta. Você pode praticá-lo em qualquer lugar – no banheiro, em sua mesa de trabalho, na fila do supermercado, até mesmo no meio da noite, quando você não consegue dormir. Use-o em momentos neutros, momentos positivos e momentos negativos. Explore todas as possibilidades. Você pode ficar de olhos abertos ou fechados o tempo todo, e pode sistematicamente trabalhar seu corpo da cabeça aos pés ou, simplesmente, ocupar-se das sensações à medida que elas surgirem. Com a prática, você notará que ganha maior habilidade para se desvincular da atividade mental e permanecer presente, usando o corpo como uma âncora para sua atenção. Deve levar cerca de 5 a 10 minutos.

1. Onde quer que esteja, sentado ou de pé, pause, pare e traga sua atenção ao "agora, neste exato momento" diretamente para dentro de seu corpo. Que aspectos de seu corpo vêm à sua consciência? Como eles se desenrolam ao longo do tempo?

2. Explore, adicionando alguns rótulos gerais para as coisas que você percebe (mão, respiração, costela, pés, formigamento, rosto e assim por diante) e, então, abandone esses rótulos focando completamente nas sensações puras em si. Lembre-se do relógio do agora (ver página 52) – mantenha-se perguntando: "O que está acontecendo agora?" E agora? E agora …?".

Vamos tentar

Entre com seu corpo

Faça um alongamento suave do pescoço, inclinando a cabeça de um lado para outro, levando a orelha em direção ao ombro em cada um dos lados. Lembre-se de praticar devagar e com total atenção às sensações puras de seu corpo. Quando faço esse exercício na biblioteca ou no ônibus, geralmente encontro outras pessoas à minha volta que começam a fazê-lo. Acontece um agradável efeito cascata – quando mostramos que cuidamos de nossos corpos, damos aos outros à nossa volta a liberdade de também cuidar dos seus. Experimente!

Atenção plena de suas emoções

Embora possamos pensar nas emoções como não sendo físicas, na verdade elas ondulam por todo o nosso corpo. Por isso, ficar o mais próximo possível das sensações puras do corpo torna-se particularmente importante quando lidamos com emoções fortes.

Assim que uma emoção surge dentro de nós, o cérebro tende a rotulá-la – assim como faz com as sensações. Novamente, isso nos afasta das regiões cerebrais que codificam as sensações primárias do corpo, levando-nos para regiões de processamento e compreensão conceitual.[45] Assim que começa a classificação, não estamos mais presentes na experiência da emoção; somos suscetíveis às más interpretações do cérebro. Procure lembrar-se de um momento em que uma experiência tenha causado uma reação emocional. Se você rotulou essa reação como "medo", por exemplo, provavelmente ela se tornou medo antes de você ter uma oportunidade de realmente estudá-la. Talvez não fosse medo, mas empolgação? Raiva pode frequentemente ser confundida com tristeza. Esses são os tipos de truque que sua mente pode fazer. Ou então, se sua mente conceitual for muito rápida em rotular e processar suas emoções, pode perder a experiência direta da emoção em seu corpo – você pode perder sua capacidade de discernir o que está realmente sentindo, diminuindo sua vida emocional.

Faça uma pausa agora e reflita sobre o que "isso realmente mexeu comigo" significa para você.

---

45. Lieberman, M D, Eisenberger, N I, Crockett, M J, Tom, S, Pfeifer, J H, Way, B M (2007). A expressão dos sentimentos em palavras: afetar a classificação interrompe a atividade da amígdala nos estímulos afetivos. *Psychological Science*, 18, 421-428.

> Assim como um surfista pega uma onda com graça e coragem, nós também podemos treinar para fluir com nossas emoções conforme elas chegam ao pico e depois diminuem.

Para mim, representa a onda de emoção que se move por meu corpo quando tenho uma resposta forte. Isso está longe de ser uma reação conceitual. Essa sensação de emoção sentida no corpo é ativada em uma região do cérebro chamada córtex insular ou ínsula.[46] Em muitos estudos, meditadores experientes apresentaram um aumento no tamanho da ínsula, principalmente no lado direito do cérebro. Esse aumento de tamanho está diretamente relacionado ao número de anos que a pessoa pratica meditação.[47] Uma ínsula maior, mais densamente conectada, equipara-se à sensibilidade emocional aumentada.

Diferentes emoções têm distintas "assinaturas" corporais.[48] Como nos mostram os estudos com meditadores experientes, permanecer conectado às sensações puras o ajudará a experimentar um aumento dramático em sua inteligência emocional. Você pode aumentar a confiança em sua capacidade de lidar com emoções difíceis, e conseguirá detectar mudanças em seu estado emocional, reconhecendo-as mais cedo e respondendo de forma mais apropriada, antes que as emoções o dominem.

Permanecer no momento, experimentando plenamente suas emoções no corpo e observando como se desdobram ao longo do tempo, requer coragem quando suas emoções são intensas. A prática regular da atenção plena tornará essa experiência possível e ajudará você a administrá-la. Use o exercício da página 79 para orientá-lo.

---

46. Craig, A D (2009). Como você se sente – agora? A ínsula anterior e a consciência humana. *Nature Reviews Neuroscience*, 10, 59-70. Paulus, M P, Stein, M B (2006). Uma visão insular da ansiedade. *Biological Psychiatry*, 60, 383-387.
47. Luders, E, Kurth, F, Mayer, E A, Toga, A W, Narr, K L, Gaser, C (2012). A anatomia cerebral única dos praticantes de meditação: alterações na girificação cortical. *Frontiers in Human Neuroscience*, 6, 1-9.
48. Nummenmaa, L, Glerean, E, Hari, R, Hietanen, J (2014). Mapas corporais das emoções. *Proceedings of the National Academy of Science*, 111 (2), 646-651.

Como superar a esquiva emocional

Algumas pessoas acham extremamente difícil prestar atenção às emoções no corpo. A esquiva – permitir que as emoções passem pela consciência o mais rápido possível sem lhes dar a devida atenção – provavelmente funcionou para essas pessoas em algum momento de suas vidas, mas quando a esquiva se torna profundamente enraizada e habitual, o medo de enfrentar certas emoções pode ser tão esmagador que se esquivar parece ser a única opção.

Em minha prática clínica, uso BMT para ajudar os clientes a permanecerem com o movimento de fortes emoções por seus corpos e terem curiosidade sobre isso. Esse movimento os encoraja a tomar consciência do início de uma emoção, sua força plena e seu desvanecimento gradual.

Muitas vezes, usamos a metáfora de que o tempo de vida de uma emoção é como uma onda. Nós nos perguntamos se podemos surfar a onda da emoção, em vez de tentar suprimi-la, lutar contra ela ou interferir nisso. O tempo que a emoção leva para surgir e desaparecer é muito mais curto do que pensamos, contanto que permaneçamos com ela e permitamos que diminua em seu próprio ritmo, em vez de tentar evitá-la.

A prática

Vamos praticar: parar no meio

Os estressores leves a moderados da vida fornecem um bom ponto de partida para praticar a atenção plena das emoções no corpo. Raiva na estrada ou no trânsito, furar a fila, falha na tecnologia – só para citar algumas – são todas situações nas quais podemos começar a nos familiarizar sobre como o corpo sente as emoções de frustração, irritação e raiva.

1. Assim que sentir uma emoção surgir dentro de você (geralmente quando acontece algo indesejado ou desagradável), pare, foque sua mente diretamente em seu torso e apenas observe... e observe... perceba como suas sensações corporais aumentam e diminuem. Fique atento às "histórias" (os rótulos e as previsões) que sua mente quer dar para cada emoção. Sempre que vir sua mente tentando controlar dessa forma, recue e permaneça diretamente com suas sensações corporais puras, experimentando seu desenrolar ao longo do tempo – esteja presente.

2. Quando se sentir confortável e confiante com essa técnica, tente usá-la em situações que tenham uma carga emocional maior. Por exemplo, use-a quando estiver para entrar em uma reunião com uma pessoa difícil de lidar. Note os sentimentos em seu corpo antes do evento, assim como os que surgem durante a interação em si.

Estado de espírito e movimento

Vamos tentar

Começar a notar como as emoções se movem por seu corpo e o efeito que elas têm sobre seu ser físico é um ótimo caminho para construir consciência emocional e inteligência emocional. As nuances em nossos movimentos podem nos dizer muito sobre como nos sentimos em determinada situação.[49] Aproveite cada oportunidade que se apresenta para observar como movimentos corporais e sensações se encaixam em sua vida diária. Preste uma atenção especial àqueles momentos em que você estiver:

(1) ficando aborrecido, preocupado ou ansioso em relação a alguma coisa;

(2) envolvendo-se em uma atividade prazerosa.

Note se seus movimentos corporais aceleram ou diminuem e como seu tônus muscular muda. O que acontece com seu nível de coordenação e precisão física?

Observe como os outros se movimentam e veja se pode avaliar o estado de espírito deles. Um laboratório de pesquisa americano chamado Bio Motion Lab criou um experimento em tempo real para explorar nossa habilidade de inferir o estado de espírito a partir do movimento.[50]

---

49. Meijer, M de (1989). A contribuição das características gerais do movimento do corpo para a atribuição de emoções. *Journal of Nonverbal Behavior*, 13 (4), 247-268.

50. Uma animação on-line sobre humor e movimento do corpo: <www.biomotionlab.ca/Demos/>. BMLwalker.html.

Onde você está agora

Neste capítulo, você explorou a base lógica para pausar e desacelerar, e aprendeu alguns exercícios para realmente fazer isso. Você viu que quando presta atenção às sensações corporais, as coisas nem sempre são o que parecem ser – que o cérebro processa mensagens do corpo em vários níveis. Na prática de atenção plena, queremos ter certeza de que estamos presentes com as sensações puras do corpo; se fizermos isso, podemos ter certeza de que estamos presentes. Enquanto os estilos de vida moderna e os fatores externos conspiram para nos manter fora de nossos corpos, a atenção plena nos traz de volta a eles, para tirarmos proveito do rico recurso que nos ajuda a prosperar física e emocionalmente. No próximo capítulo, vamos desenvolver esses temas e ver o que acontece quando nos dedicamos ao corpo deliberadamente, com uma qualidade de intenção específica.

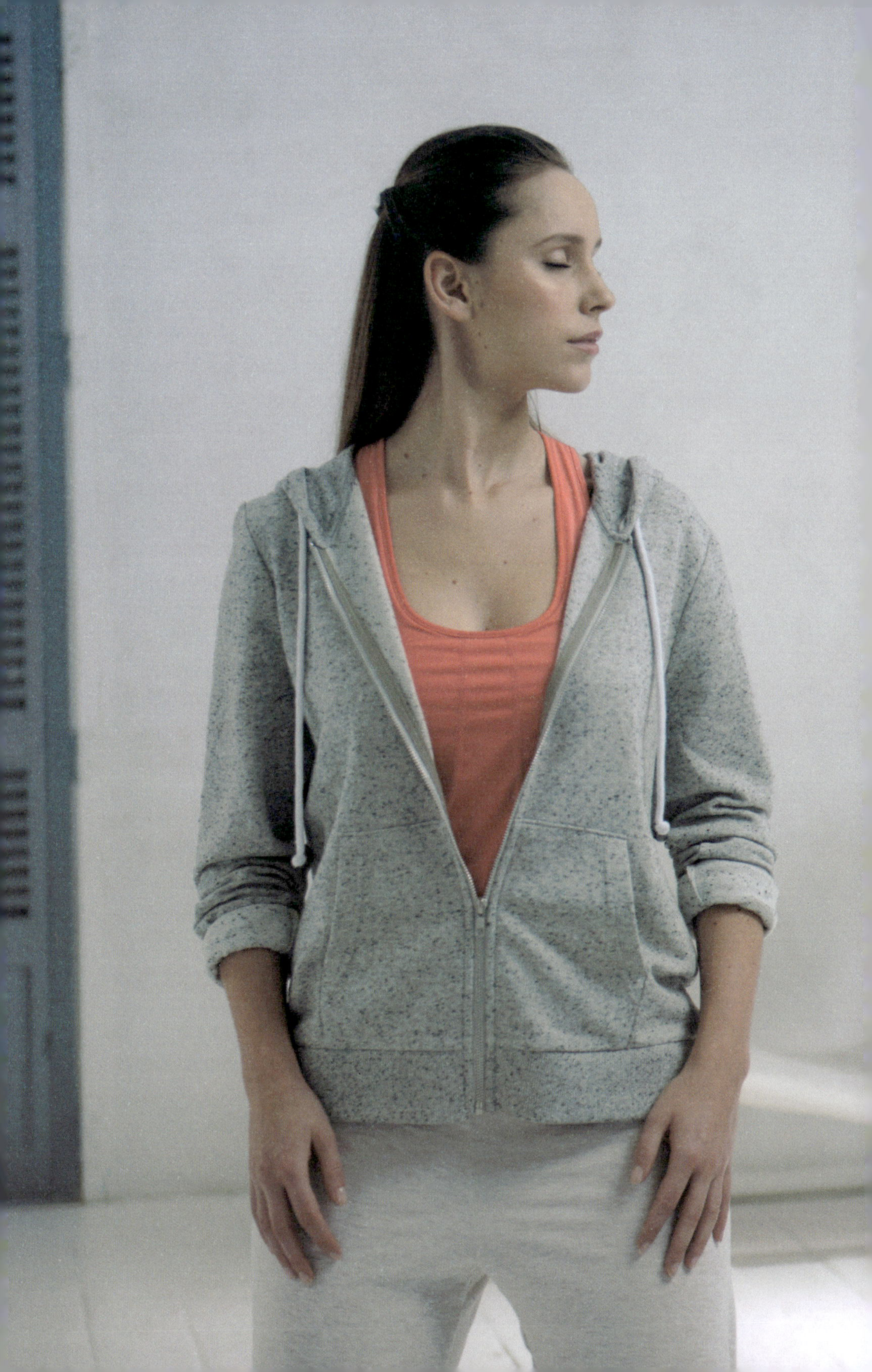

3

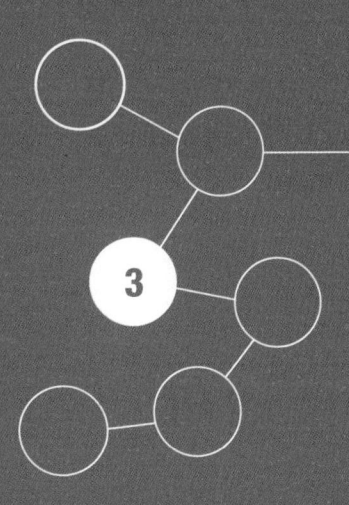

Intenção

No capítulo anterior, você teve a oportunidade de observar mais suas experiências interna e externa. Pausar pode ajudá-lo a ver o que está por trás de suas ações e reações – é a janela para suas intenções. Neste capítulo, mostrarei como definir sua intenção pensando em como você quer pensar, falar, movimentar-se ou agir, e em como estar atento à realização de sua intenção. Veremos como uma intenção é diferente de um objetivo, e como sua intenção tem um efeito cascata ao seu redor. Usaremos exercícios BMT para explorar os elos entre sua intenção e seu movimento, para que você possa desenvolver uma compreensão mais profunda de suas intenções mais amplas na vida, além das intenções dos outros.

O que é intenção?

A intenção faz parte da tomada de decisão, mantendo-nos na rota. No tai chi, é um tipo de atividade mental que é tanto proposital quanto calma. É também uma peça-chave da atenção plena, o ponto ao qual retornamos várias vezes.

Em termos gerais, a palavra "intenção" refere-se a um plano, a um propósito, a um objetivo ou a um compromisso de fazer alguma coisa. Curiosamente, no Budismo, a interpretação Pali da palavra *sati* (que é livremente traduzida como atenção plena) usa a frase "profundeza mental" para refletir um compromisso firme de envolvimento com a experiência mental sem distração. As intenções são frequentemente classificadas como "boas" ou "ruins" e presume-se haver alguma intenção por trás delas. Definir intenções deliberadamente facilita permanecer nos trilhos com um plano, ajudando-nos a notar de modo mais rápido quando nos desviamos. Isso ocorre no nível micro – retornando a cada momento para nossa intenção durante a prática de meditação mindfulness; e no nível macro, nos planos de longo alcance que temos em nossas vidas.

> **Vamos tentar**
>
> **Acesse sua intenção**
>
> Reserve um momento para lembrar qual foi sua intenção ao escolher este livro, talvez se perguntando:
>
> ○ O que eu esperava conseguir ao ler este livro?
> ○ O que me levou a escolher um livro sobre movimento com atenção plena?
> ○ Por que estou interessado nisso?
>
> Enquanto faz isso, o que você nota em seu corpo? O que observa em sua mente?

> **Pense nisto**
>
> **Intenção ou objetivo?**
>
> Definir intenções é bem diferente de definir objetivos. Considere a diferença entre as palavras intenção e objetivo. Primeiro, coloque a palavra objetivo em sua mente e então observe quaisquer termos, imagens, pensamentos ou sensações corporais que surgirem. Repita a palavra algumas vezes. Agora faça o mesmo com a palavra intenção. A experiência deste exercício realmente me surpreendeu, tanto que agora eu tento trabalhar exclusivamente com intenções em todos os campos de minha vida. Objetivos têm um sentido externo rígido. Eles estão "lá" e nós os alcançamos ou não. Se aparentemente não conseguirmos atingir nossos objetivos, podemos ser muito exigentes conosco mesmos e descartar os sucessos que alcançamos no caminho. Por outro lado, a intenção tem um sentido mais suave, mais flexível e dinâmico. A intenção nos conecta aos estágios da jornada, não apenas como um ponto fixo final, de forma que sucesso e fracasso são imensuráveis – há apenas a jornada em si.

Intenção e tai chi

Os professores de tai chi usam muito a frase: "Aonde a mente vai, o *chi* flui", e o tai chi clássico nos diz que *qi* (energia) segue o *yi* (intenção).[51] A intenção é um movimento "alerta, porém relaxado" da consciência dentro do corpo e cria um caminho ao longo do qual nossa energia mental flui. Curiosamente, a palavra latina *intentus*, da qual deriva a palavra intenção, significa "uma extensão". No nível mais avançado, o conceito de *yi* é a intenção que vai para além de nosso corpo físico.

No tai chi, os praticantes usam "o empurrar das mãos" e trabalham em dupla para desenvolver a sensibilidade às intenções – deles mesmos e de seus oponentes. Os humanos têm uma habilidade natural de ler as intenções uns dos outros,[52] que foi desenvolvida para nos permitir viver harmoniosamente em grandes grupos sociais. De uma perspectiva evolutiva, nossos cérebros precisaram desenvolver uma forma de determinar rapidamente se algo que está se movendo velozmente ao nosso encontro tem

---

51. Liao, W (1990). *T'ai Chi Classics*. Shambala Publications.

52. Van Overwalle, F, Baetens, K (2009). A compreensão das ações e dos objetivos dos outros pelos sistemas de espelhamento e mentalização: uma meta-análise. *Neuroimage*, 15, 48 (3), 564-584.

boas ou más intenções – se quer nos oferecer amizade ou amor, ou nos devorar! O movimento de atenção plena tira proveito dessa capacidade primordial, permitindo-nos aprimorar nossas habilidades sociais.

Intenção na teoria da atenção plena

Na teoria moderna de atenção plena,[53] três conceitos separados, porém interligados – intenção, atenção e atitude (IAA) –, juntos, criam a experiência que chamamos de "mindfulness".

Quando praticamos a meditação mindfulness, nós nos movemos entre esses três processos. Nós tendemos (*intenção*) a prestar *atenção* às nossas experiências físicas e mentais de uma forma gentil e sem julgamento (*atitude*). Um segundo depois, nossa mente divaga e percebemos que não estamos mais fazendo o que tínhamos intenção de fazer. Fazemos o possível para não julgar (atitude) e, então, renovamos ou refazemos nossa intenção de prestar atenção. Esse ciclo se repete muitas vezes, talvez até centenas de vezes durante nossa prática de atenção plena.

> **Vamos tentar**
>
> **Intenção no caminhar**
>
> Da próxima vez em que for caminhar por uma rua movimentada, projete sua intenção na sua frente de propósito. Fixe o olhar em seu caminho e mantenha consciência de seu corpo e postura.
>
> Um aluno me contou que faz isso enquanto se locomove pelo movimentado sistema de metrô de Londres, na hora do *rush*. O que mais o surpreendeu foi a facilidade com que ele consegue se movimentar nesse ambiente agitado. Parece que as pessoas saem de seu caminho como se ele criasse um rio de *qi* que elas evitam atravessar. Ele experimentou a habilidade humana de ler a intenção na ação (ver páginas 99-100).

O IAA me fornece meu princípio de orientação diária – me lembra de verificar que estou vivendo o mais atentamente possível. Em cada tarefa que for executar, tente adquirir o hábito de se perguntar: "Qual é minha intenção com essa atitude?", "O que vai distrair minha atenção e me tirar do curso?", e "Estou agindo com bondade?".

---

53. Shapiro, S L, Carlson, L E, Astin, J A, Freedman, B (2006). Mecanismos de atenção plena. *Journal of Clinical Psychology*, 62, 373-386.

Como trazer intenção para a consciência

Quando explicitamos nossas intenções – quando as trazemos para nossa consciência –, criamos em nossas mentes um modelo para a experiência pretendida. É como se repetíssemos para nosso cérebro: "Isto é o que eu quero fazer; isto é o que eu quero fazer". Então, quando saímos dos trilhos (como inevitavelmente acontece) e nos desviamos de nosso modelo, notamos mais rapidamente o que está acontecendo e assim podemos nos trazer mais rápido de volta para nossa intenção.

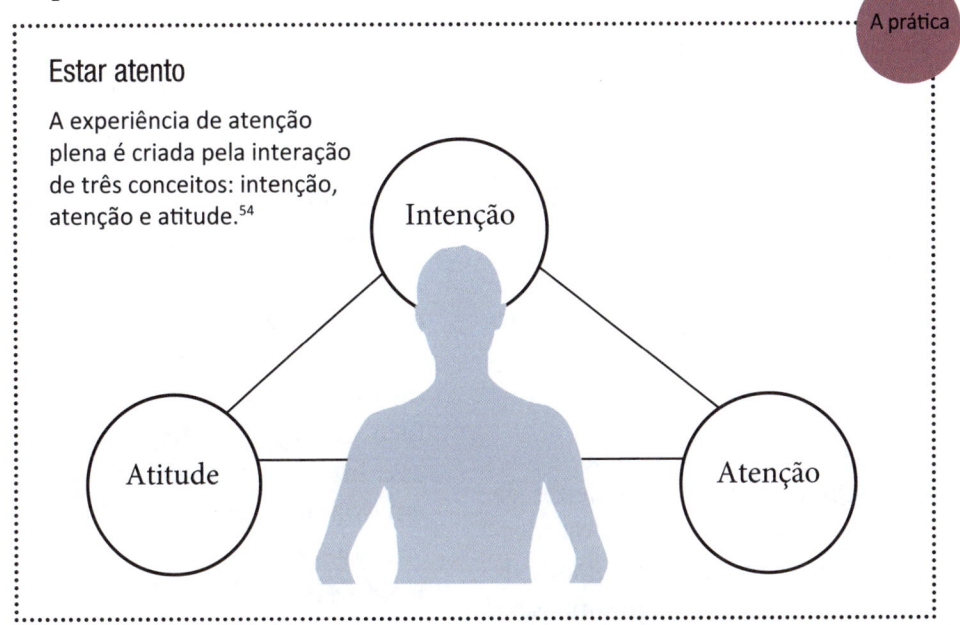

A prática

Estar atento

A experiência de atenção plena é criada pela interação de três conceitos: intenção, atenção e atitude.[54]

- Intenção
- Atitude
- Atenção

O yin g e o yang de sair dos trilhos

Se compreendermos o que significa estar "nos trilhos", seguindo o caminho de nossa intenção, devemos, por definição, entender quando "saímos dos trilhos" também. Esse princípio de opostos informando um ao outro é descrito na teoria yin e yang que sustenta o tai chi e a filosofia taoísta.

"Quando você se move para cima, a mente deve estar ciente da descida; quando você se

---

54. Link com IS Shapiro falando sobre o modelo IAA disponível em: < www.youtube.com/watch?v=JjeDjhFDRfI>.

movimenta para a frente, a mente também pensa em retornar." (*Tai Chi Clássico*).

O mesmo acontece na prática de anteção plena:

- Aprender a DESatenção nos ajuda a aprimorar nossa capacidade de prestar atenção.
- Aprender sobre momentos DESatentos (quando nossas mentes divagam) informa nossa compreensão sobre o que significa ser ATENTO.
- Aprender quando nos sentimos INquietos nos informa sobre o que significa estar à vontade.
- Enxergar quando somos DESagradáveis conosco aumenta nossa capacidade de sermos gentis e compassivos.

Quando você está ciente da desatenção, insensatez ou desconforto, tem a oportunidade de abraçar e amar até mesmo seus momentos mais incertos, já que esses são na verdade suas maiores oportunidades de aprendizagem.

Vamos praticar: atenção plena na respiração

Neste exercício, você vai fazer a mesma prática duas vezes com diferentes níveis de intenção. Dedique 5 minutos para cada prática de respiração (10 minutos no total). Você pode praticar esse exercício em qualquer lugar e a qualquer momento, mas alcançará os melhores resultados se estiver em um ambiente tranquilo. Acertar um relógio para soar o alarme a cada 5 minutos pode ajudar, pois assim você não fica preocupado em controlar o tempo.

1. Preste atenção à sua respiração por 5 minutos – não faça nada a não ser focar nela enquanto você inspira e expira de forma regular. O que você notou?
2. Agora faça novamente, mas dessa vez comece declarando sua intenção de que sua respiração será o principal e único foco de sua atenção. Declare essa intenção mentalmente ou em voz alta, talvez pensando: "Agora vou prestar atenção na respiração", e então faça isso mesmo. Isso significa que cada vez que não estiver atento à respiração, você pode rapidamente rotular essa experiência mental como "não respiração" e, então, afastá-la o mais rápido possível e voltar o foco à respiração. Assim que notar que sua mente está vagando, repita a frase e renove sua intenção.

O que você notou? Houve alguma diferença em sua capacidade de permanecer na prática?

Tente explicitar a determinação da intenção conforme fizer outros exercícios deste livro.

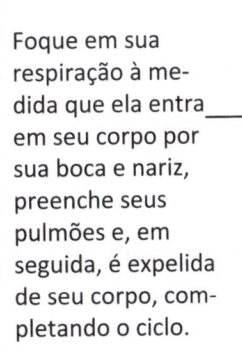

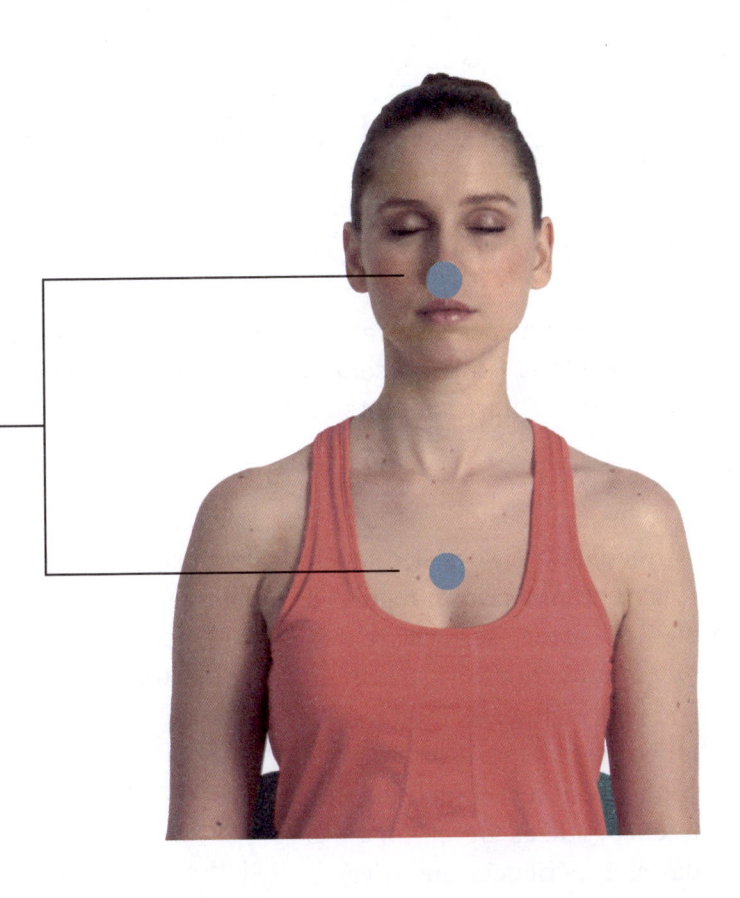

Foque em sua respiração à medida que ela entra em seu corpo por sua boca e nariz, preenche seus pulmões e, em seguida, é expelida de seu corpo, completando o ciclo.

Como as intenções mudam ao longo do tempo

À medida que você se estabelece em uma prática regular de atenção plena – seja ela sentada ou em movimento –, você naturalmente adaptará suas intenções iniciais.

À medida que você se estabelece em uma prática regular de atenção plena, seja ela sentada ou em movimento –, suas intenções naturalmente mudarão ao longo do tempo. Por exemplo, você pode ter começado com intenções fixas de eliminar todas as experiências negativas de sua vida, mas descobre que isso se transforma em uma nova intenção de se envolver com toda a experiência – mesmo quando ela for negativa. (Praticantes que sofrem com depressão, muitas vezes começam com a intenção de remover completamente sua baixa de estado de espírito, mas logo entendem que, em vez disso, é mais gentil com o eu ter a intenção de observar os períodos depressivos com mais compaixão.)

Muitos estudos mostram que é essa intenção transformada de nos tornarmos mais compassivos para conosco mesmos que parece justificar muitos dos efeitos positivos do treinamento regular de atenção plena.[55]

---

[55]. Van Dam, N T, Sheppard, S C, Forsyth, J P,Earleywine, M (2011). A autocompaixão é um melhor prognóstico do que a consciência da gravidade dos sintomas e da qualidade de vida no misto ansiedade e depressão. *Journal of Anxiety Disorders*, 25(1), 123-130. Kuyken, W, Watkins, E, Holden, E, White, K, Taylor, R S, Byford, S, Evans, A, Radford, S, Teasdale, J D, Dalgleish, T (2010). Como funciona a terapia baseada em atenção plena na terapia cognitiva? *Behavioural Research and Therapy*, 48, 1105-1112.

Como definir a intenção durante as fases de transição

Quando transita de uma para outra fase da sua vida, você pode achar útil comprometer-se explicitamente com suas intenções. Isso é intencionalidade no nível macro. Se estiver mudando de emprego ou de relacionamento, ou se talvez estiver prestes a se tornar pai/mãe ou avô/avó, ou sentir como é quando seu último filho deixa o lar, suas intenções subjacentes para sua vida e você mesmo provavelmente mudarão. Lembre-se de que definir intenções lhe dá uma estrutura flexível para a vida, e que revisar suas intenções e escolher novas quando estiver na encruzilhada da vida orientarão seu comportamento futuro, ajudando você a permanecer totalmente presente em sua vida. Atualizar intenções auxilia a manter a visão do que é realmente importante para você neste período de sua existência.

A prática

Vamos praticar: Jogar o seixo

Este exercício de 10 minutos o ajuda a explorar sua intenção, expandindo a técnica introduzida no "Pense nisto" na página 84. Ela é chamada de "Jogar o seixo" (ou simplesmente "O seixo"), porque ela o encoraja a observar qualquer efeito cascata em seu corpo e mente quando você solta uma pergunta sobre sua intenção, em sua consciência, como se estivesse jogando um seixo na água. Quanto mais você praticar esse exercício, mais profundamente se conectará com aquelas emoções e pensamentos que estão fora de sua consciência. Você pode praticar o exercício a qualquer momento e em qualquer lugar que tenha algum espaço silencioso para se concentrar.

Eu uso o exercício do Seixo o tempo todo – antes de reuniões ou de sessões de terapia com pacientes, ou antes de embarcar em projetos ou dar um curso sobre atenção plena. Nunca julgo o que surge em minhas respostas; apenas experimento um profundo desejo de entender mais sobre o que realmente direciona meu comportamento. Revisite o exercício do Seixo conforme for avançando neste livro. Ao praticá-lo repetidamente, você desenvolverá um hábito útil de verificar de forma rápida suas intenções em qualquer situação.

Além do mais, desenvolver sua habilidade de ler seu corpo e mente em relação às suas intenções aumentará muito suas chances de permanecer nos trilhos em todas as áreas de sua vida, da sua carreira aos seus relacionamentos, aos seus esforços espirituais. O exercício do Seixo é útil principalmente se você estiver encarando uma decisão que cause alguma incerteza, confusão ou dificuldade, especialmente durante momentos de transição, já que ele ajuda a se conectar com sua "intuição".

1. Ache uma postura que seja confortável e na qual seu corpo permaneça em estado alerta, ainda que relaxado. Mantenha sua atenção focada principalmente em seu torso.
2. Lance uma pergunta em sua mente, como se estivesse jogando um seixo em uma lagoa, perguntando talvez: "Qual é minha intenção com BMT?", ou "Por que estou praticando atenção plena?". Observe quaisquer agitações ou sensações em seu corpo e mente.
3. Seja paciente – observe, percebendo seus pensamentos, imagens ou sensações corporais à medida que forem surgindo. Resista a qualquer impulso de analisar ou racionalizar suas respostas. Lance a pergunta três vezes. A cada vez, pare e observe qualquer resposta, principalmente de seu corpo.
4. Considere a força ou a ausência de reação corporal ou a presença ou ausência de clareza mental enquanto pratica este exercício. Alguma dessas coisas lhe surpreende? A primeira resposta foi igual ou diferente da segunda ou da terceira vez que fez sua pergunta?

<u>O Seixo é útil principalmente se você estiver enfrentando uma decisão que cause alguma incerteza, confusão ou inquietação.</u>

Intenção e o cérebro

Os padrões cerebrais iniciais de nossa ação motora se formam no cérebro, representando nossa intenção de mover ou agir. Com técnicas neurocientíficas, podemos observar esses sinais antes de estarmos subjetivamente conscientes deles.

Trazer um foco de atenção explícito para a intenção de movimento modifica o fluxo sanguíneo nessas regiões do cérebro. Dessa forma, podemos estar alertas sobre o que acontece logo antes de fazermos algo, ajudando-nos a escolher em vez de simplesmente reagir.

Uma pesquisa em neurociência nos mostra que o cérebro codifica nossa intenção de nos movermos cerca de 500 a 2.000 milissegundos antes de realmente estarmos conscientes do movimento.[56] Com a intenção definida antes de o movimento acontecer, conseguimos saber quando o movimento *não* está acontecendo conforme o planejado. Ou seja, podemos deduzir rapidamente quando estamos saindo dos trilhos. Um processo similar acontece quando apresentamos nossa intenção de ficarmos atentos à respiração (o cérebro nos alertará mais rapidamente sobre aqueles momentos de "não respiração"), e quando definimos intenções mais amplas para nossas vidas (alertando-nos quando estamos nos afastando do que é importante para nós). Os fundamentos neurais desses últimos processos são bem menos compreendidos. Mas no sistema motor podemos ver claramente como isso funciona, com a intenção de mover comandos de movimento anteriores e a experiência subsequente de mover nosso corpo.

---

56. Haggard, P (2008). Volição humana: rumo a uma neurociência da vontade. *Nature Reviews Neuroscience*, 9 (12), 934-946.

Com a consciência consciente, você pode revisitar suas intenções, examinar a situação e gerar uma solução.

Considere o movimento necessário para levantar um copo de água. Antes que nos movamos, essa atividade neural pré-consciente no cérebro cria um tipo de modelo do que podemos esperar no programa motor de levantar um copo. Esse padrão deriva das memórias de experiências prévias de levantar copos e coleta todas as informações necessárias para atingir esse objetivo (tais como peso aproximado e textura do copo, quantidade de força e firmeza necessárias, o movimento que deve ser feito até chegar à boca). O cérebro cria um "palpite" das consequências sensoriais esperadas do movimento.[57]

Quando você começa a executar sua intenção de levantar um copo, seus movimentos transmitem uma resposta sensorial para o cérebro, que o cérebro compara com seu padrão original. Se combinar, o movimento é bem-sucedido. Se houver incompatibilidade, diferentes regiões do cérebro correm em auxílio para resolver a discrepância e talvez mudar o movimento pretendido. Nesse ponto, com a consciência consciente você pode rever suas intenções, examinar a situação e gerar uma solução.

Como a intenção se desdobra no cérebro

Os diagramas a seguir mostram como diferentes partes de seu cérebro geram esse padrão de intenção antes da real execução do movimento.[58] A atividade neural se espalha de frente para trás em seu cérebro. Primeiro, os lobos frontais tomam a decisão do movimento. Depois, a área motora pré-suplementar é envolvida, e começa a codificar para a sequência antecipada e o instante do movimento. O córtex motor faz as preparações finais e o comando de movimento é enviado para a medula espinhal para ativar os músculos e executar o movimento em si. Nesse ponto, você pode estar consciente das reais consequências sensoriais de seu corpo em movimento no cérebro.

---

57. Blakemore, S J, Decety, J (2001). Da percepção da ação ao entendimento da intenção. *Nature Reviews Neuroscience*, 2, 561-567.

58. Haggard, P (2005). Intenção consciente e cognição motora. *Trends in Cognitive Sciences*, 9 (6), 290-295.

O desenvolvimento da intenção no cérebro antes do movimento

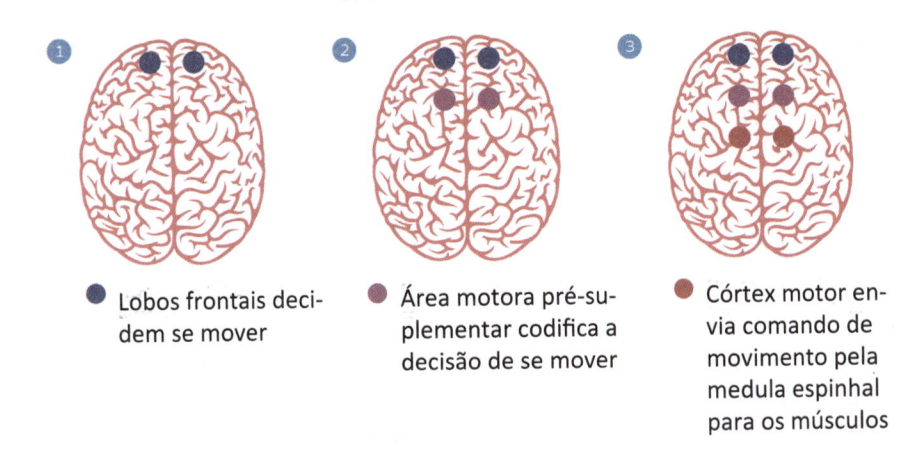

1 Lobos frontais decidem se mover

2 Área motora pré-suplementar codifica a decisão de se mover

3 Córtex motor envia comando de movimento pela medula espinhal para os músculos

A área motora pré-suplementar (Pré-AMS) do cérebro ajuda a preparar e a executar o movimento – e é também a região do cérebro que contém a intenção do movimento. O entrosamento atento com os movimentos do corpo nos ensina a nos familiarizarmos com essa atividade neural.

Como a atenção plena intervém no processo

Quando praticamos a atenção plena, colocamos um foco explícito em nossa decisão de movimento, na intenção revelada e na execução real da ação. Nós queremos chegar cada vez mais perto da origem do movimento – a decisão de se mover – e depois assisti-la se desdobrar ao longo do tempo. Em vez de apenas estar ciente do movimento, tomamos consciência de nossa intenção de nos movermos. Na prática, isso é semelhante à experiência do exercício Atenção Plena na Respiração da página 89. Quando nos movemos, podemos nos conscientizar de que "Estou prestes a me levantar" ou "Agora vou virar a cabeça" antes de realmente fazer isso?

A área motora pré-suplementar (Pré-AMS) também tem uma responsabilidade muito mais ampla, sendo envolvida no planejamento e execução de processos cognitivos e emocionais. Quando praticamos os exercícios do BMT, trazemos atenção plena à intenção de movimento, mas por estarmos nos conectando com a

Pré-AMS, também tiramos proveito das intenções subjacentes aos nossos pensamentos e das reações emocionais.

Como aprimorar seu cérebro

Voltar seu "olho da mente" para a atividade preparatória acontecendo na Pré-AMS melhora seu funcionamento.[59] Os neurônios da Pré-AMS começam a disparar, o que desencadeia a fabricação e a liberação de neurotransmissores, e aumenta o fluxo sanguíneo por todo o cérebro. De modo geral, a Pré-AMS recebe um bom teste.

Próximo da Pré-AMS encontra-se a própria AMS (Área Motora Suplementar), uma região do cérebro que estudos de neuroimagem identificaram sendo influenciada pela prática de meditação.[60] Essa região conecta-se diretamente ao córtex motor e à medula espinhal, e é composta de sub-regiões que codificam especificamente para ação em diferentes partes do corpo. Com o tempo, a prática contínua de meditação parece conseguir aumentar a densidade dos neurônios na AMS.

A densidade aumentada na AMS pode ter alguns benefícios práticos, incluindo:

o maior capacidade de notar "impulsos";
o maior sensibilidade aos padrões de movimento;
o maior capacidade de notar quando "saímos dos trilhos", afastando-nos de nossas intenções;
o maior flexibilidade em nosso repertório de movimentos;
o maior consciência corporal em geral;
o maior empatia e habilidade para entender as intenções dos outros.

---

59. Lau, H, Rogers, R, Haggard, P, Passingham, R (2004). Atenção na intenção. *Science*, 303, 1208-1210.
60. Hölzel, B K, Lazar, S W, Gard, T, Schuman-Olivier, Z, Vago, D R, Ott U (2011). Como funciona a meditação mindfulness? Proposição de mecanismos de ação de uma perspectiva conceitual e neural. *Perspectives on Psychological Science*, 6 (6), 537-559.

Pratique o nado de costas de novo

Tente revisitar o exercício do nado de costas das páginas 54-57, só que dessa vez mantenha em mente seu novo entendimento de intenção. Pause o suficiente – e com o máximo de curiosidade e atenção antes de se mover –, tente detectar sua intenção à medida que ela se desenvolve. Faça que sua intenção seja explícita, como "Agora vou levantar meu braço" e, então, preste atenção a como isso se desenrola.

Vamos tentar

Consciência da intenção nos outros

No tai chi e em outras artes marciais, ganhar consciência de nossas intenções é um caminho para sintonizar-se com as intenções dos outros.

Curiosamente, as redes neurais que o cérebro emprega quando pretendemos nos mover são as mesmas que utiliza quando observamos outra pessoa se movendo.[61] Por exemplo, se você vir um amigo que vai pegar um copo de água, os neurônios-espelho em seu cérebro respondem como se você mesmo estivesse prestes a alcançar o copo. Você pode ter também em sua mente a experiência de pegar o copo, mas sem a execução motora final. Sua mente se torna uma espécie de "simulador" das ações de outra pessoa, permitindo que você tenha um "palpite" sobre as intenções do outro indivíduo. Então, nesse exemplo, você pode inferir que seu amigo está com sede.

Essa sobreposição neural desenvolve-se na tenra idade. Quando bebês, nossa capacidade crescente de fazer movimentos intencionais é o primeiro degrau na escada para entender que outras pessoas também têm controle sobre suas ações. Uma vez que percebemos isso, podemos começar a ter curiosidade sobre o que impulsiona o comportamento (ações) delas.[62] Nosso próprio movimento nos ajuda a entender a natureza de outras pessoas, ao

---

61. Blakemore, S J, Decety, J (2001). Da percepção da ação para o entendimento da intenção. *Nature Reviews Neuroscience*, 2, 561-567.

62. Anderson, D I, Campos, J J, Witherington, D C, Dahl, A, Rivera, M, He, M, Uchiyama, I, Barbu-Roth, M, Poehlman, A T (2013). O papel da locomoção no desenvolvimento psicológico. *Frontiers in Psychology*, 4, 440, 1017.

passo que o movimento de outros indivíduos nos ajuda a nos entendermos (por meio da observação de como os outros se movem em resposta às nossas próprias ações) e também os outros (nós lemos e interpretamos os movimentos dos demais para entender o que eles estão pensando, sentindo e pretendendo).

Observe sua intenção

Vamos tentar

Aumentar sua percepção de mudança de postura é particularmente valioso na melhora de suas interações com outras pessoas. À medida que você se torna mais consciente de suas intenções – e as sensações que surgem nos segundos que as antecedem –, você também aumenta sua sensibilidade sobre as intenções do outro. Focar nas mudanças de sua própria postura e notar como elas influenciam ou respondem às das outras pessoas aprofundam seu poder de empatia. Este ponto será explorado mais detalhadamente no Capítulo 6.

Por ora, uma boa forma de praticar a observação de sua intenção de se mover é permanecer atento durante as mudanças em sua postura. Por exemplo, quando você pretende passar da posição sentada para em pé, ou ao contrário, ou da posição deitada para sentada, observe de perto as sensações que se desenrolam nesses nanossegundos antes de começar o movimento em si. Mesmo que você não queira mudar de posição, pode voltar seu foco para a intenção de mexer sua mão para virar a página do livro ou para alcançar uma xícara de chá.

Estresse e empatia

Pense nisto

Nossa habilidade de ler a mente (entender, explicar e prever o comportamento dos outros) fica comprometida nos períodos estressantes. Considere por um momento como em sua própria vida sua habilidade de se comunicar eficazmente se quebra quando você se sente sob pressão. Isso acontece porque você está muito ocupado lidando com seus ruídos internos para se sintonizar aos movimentos das outras pessoas. O estresse tende a nos deixar fora de nós mesmos, para dentro dos pensamentos, criando espaço, o que torna difícil nossa conexão com os outros.

Intenção e leitura da mente

No geral, o bebê em desenvolvimento é um detector de intencionalidade bem antenado. Aos 3 meses de idade, os bebês podem detectar com segurança a diferença entre coisas que se movem por sua própria vontade (com intenção) e aquelas que não.[63]

---

63. Woodward, A L, Sommerville, J. A, Gerson, S, Henderson, A M E, Buresh, J (2009). O surgimento da atribuição de intenção na infância. *Psychology of Learning and Motivation – Advances in Research and Theory*, 187-222.

Esse "detector de intenção" é um marco cognitivo precoce necessário para o desenvolvimento de um sistema de leitura mental sofisticado que se torna ativo por volta dos 4 anos. Começando com a codificação básica da intenção com o movimento, aprendemos a fazer mais inferências abstratas sobre os pensamentos das pessoas, crenças e desejos – intenções nos níveis cognitivo e emocional.

Perceber suas intenções ajuda você a entender como e por que age da forma que o faz.

Nós nos valemos dessa habilidade o tempo todo quando lidamos com os sistemas de tráfego intenso de nossas grandes cidades, movimentando-nos em grandes multidões de pessoas sem batermos uns nos outros, seja a pé ou de carro. Nossos cérebros estão sempre lendo as intenções dos outros em relação a como e para onde estão se movendo, e adaptando nossas ações para permitir um trânsito cooperativo (assim como no Exercício do "Vamos tentar" a seguir).

Os exercícios do BMT ajudam-no a tirar proveito dos vários segundos de atividade neural que ocorrem antes de você realmente se mover, o que significa que movimentos atentos podem auxiliá-lo a realmente experimentar totalmente suas intenções. Quanto mais você pratica a percepção de suas intenções dessa forma, mais familiarizado pode se tornar não apenas com relação às suas intenções detalhadas e específicas, mas também com relação às suas intenções em um contexto mais amplo, ajudando você a entender como e por que você age da forma que o faz.

Colocar-se no lugar do outro — *Vamos tentar*

Quando andar por uma rua, volte sua atenção para a pessoa à sua frente. Imite os movimentos de seu corpo, postura e caminhe o mais próximo possível dela. Tente colocar-se no corpo daquela pessoa. Procure fazer o mesmo com alguém de idade diferente da sua. Como se colocar no lugar dos outros ajuda você a se conectar com eles, entendê-los ou fazer inferências sobre suas vidas, atitudes e estado emocional?

Treinamento da intenção

As intenções podem ser amplas ("Hoje vou ficar atento") ou restritas ("Ficarei atento à respiração nos próximos 5 minutos"); elas podem ser formais (praticar uma série de exercícios por dia) ou informais (aproveitar todas as possibilidades de estar mais atento ao seu corpo enquanto se locomove).

Agora que você conhece a teoria por trás da importância de declarar sua intenção, é hora de colocar isso em prática. Há duas formas de fazer isso – formal e informalmente.

Como declarar formalmente sua intenção

Sua prática de atenção plena só pode ficar nos trilhos se você se concentrar na intenção em seu treinamento. Sempre que puder, declare uma intenção específica para a atividade que estiver fazendo ou para a próxima – algo como "vou estar atento ao meu corpo ao caminhar até o ponto de ônibus". Em seguida, complete sua intenção usando o melhor da sua capacidade. Lembre-se

> Se você tiver dificuldades em realizar as intenções formais que estabelece, tente pedir apenas para si mesmo aproveitar qualquer oportunidade que aparece em seu caminho para ter uma vida atenta e comece daí.

de que suas intenções não são inalteráveis, assim você pode modificá-las conforme desejar. Você saberá mais quando perceber que suas ações não estão combinando com sua intenção.

Intenção modificada

Se você achar que é difícil manter a prática formal, em vez disso pode reservar 10 minutos, todas as manhãs, para fazer algo por si mesmo relacionado à atenção plena – por exemplo, você pode passar o tempo lendo ou fazendo uma meditação breve ou observando a natureza pela janela da cozinha. Aqui, você ainda está tendo a intenção de fazer algo que o leve pela estrada para uma vida com mais plenitude de atenção, ao criar uma pausa e ser gentil e flexível consigo mesmo em termos da atividade que escolheu.

Vamos praticar: cabeça para a esquerda e para a direita

Este exercício completamente voltado para atenção plena pode treiná-lo a detectar as intenções subjacentes de qualquer movimento antes que você se mova. Perfeito para quem passa longas horas trabalhando no computador, ele relaxa os músculos de seu pescoço, e reduz a dor e a rigidez. Sugiro praticá-lo regularmente durante o dia – você vai precisar de 5 a 10 minutos por vez, mas pode fazê-lo praticamente em qualquer lugar. Há três momentos de transição neste exercício nos quais você pode trazer consciência à sua intenção: primeiro, quando começa o exercício; segundo, quando você muda a direção; e terceiro, quando termina. Se sentir desconforto ou dor, faça os ajustes necessários. Periodicamente, verifique se os músculos de seu rosto estão relaxados.

1. Se estiver de pé, comece com a postura de tai chi (ver página 54); se estiver sentado, alinhe seu torso, mantendo-o alerta, porém relaxado. Olhe para a frente. Sinta como está sua cabeça, alinhada com a coluna na posição neutra, deixando seu queixo reto em uma posição em que fica mais confortável, nem elevado nem abaixado, (se precisar faça alguns ajustes para encontrar esse ponto). Preste atenção no momento em que decidiu que seu queixo estava na "posição correta".

2. Feche os olhos. Isso vai ajudá-lo a reduzir a tendência de seu cérebro de se distrair com estímulos visuais e aumentar sua habilidade de prestar atenção às sensações sutis da intenção sendo determinadas antes que se mova e a reação sensorial correspondente, ao se mover.

Cabeça para esquerda e para direita (continuação)

3. Agora, entenda a ideia geral do movimento – de girar sua cabeça para esquerda e direta, como se estivesse olhando para os dois lados, para longe, sobre seus ombros. Gire sua cabeça devagar para olhar por sobre um ombro e faça uma pausa (veja imagem na página anterior).
4. Agora, 50% mais devagar, volte seu rosto para o centro.
5. Vire sua cabeça, bem devagar, para olhar por sobre o outro ombro, e então volte ao centro.
6. Agora você vai fazer esse movimento com atenção plena. Os passos seguintes proporcionam uma análise de como explorar a intenção de se mover, o movimento em si e sua experiência mental mais detalhadamente. Observe sua intenção de se mover. Faça uma pausa longa o suficiente antes de começar o movimento para ver se consegue observar as sensações mentais relacionadas à tomada de decisão de se mover, incluindo a decisão sobre para qual lado virar primeiro.
7. Agora, coloque ritmo em seu movimento. Gire sua cabeça devagar para olhar sobre um ombro. Diminua 50% da velocidade inicial, qualquer que seja ela, durante o movimento. Observe como seu corpo executa o comando de desacelerar. Quais sensações você detecta em relação a isso? Como você pode realmente diminuir a velocidade do movimento de sua cabeça?
8. Preste muita atenção na execução do movimento. Qual parte de seu corpo está fazendo o trabalho? Onde há esforço e onde há relaxamento? Que músculos você mexe primeiro? Como o movimento se desenvolve ao

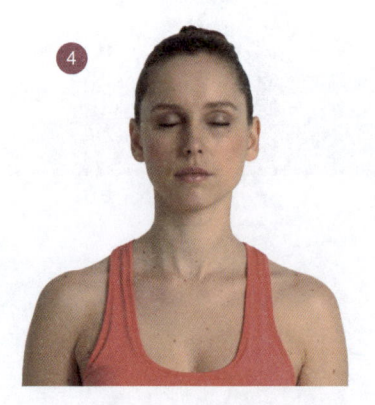

longo do tempo – o que vem antes do quê?

9. Observe as consequências de seu movimento sobre seus músculos, tendões e pele de seu pescoço e ombros. Você consegue ter sensações em suas costas e coluna? Há sensações táteis relacionadas às roupas que você está usando (do colarinho de sua camisa, por exemplo, ou de seu cabelo)?

10. Faça sua transição. Quando chegar ao limite do movimento para um lado, questione sobre como você sabe que foi longe o suficiente. Quais sinais de seu corpo e/ou de sua mente lhe dizem que está na hora de mudar de direção? Quando atingir esse ponto de transição, em outro giro, observe se as sensações permanecem as mesmas.

11. Mude a direção, movendo sua cabeça de volta ao centro devagar e, então, para o lado contrário. Repita os passos 7-10 para esse lado. Observe também se as sensações desse lado são iguais àquelas do primeiro lado ou se são diferentes.

12. Quando estiver pronto, traga a cabeça de volta para a frente para terminar o movimento. Quando passar do movimento para a posição parada, observe como se desenvolveu a intenção de parar. É possível detectar o momento em que você decidiu parar? O que você percebeu nesse momento? Quais sensações observou quando interrompeu o movimento? Descanse por alguns instantes em silêncio e permita que seu corpo se acomode.

13. Ao executar o exercício, você conseguiu detectar sua intenção de se mover antes mesmo do movimento? Você pode tentar isso como uma imagem mental de movimento de sua cabeça sem o elemento de execução motora. Ou talvez tenha experimentado como um comando verbal ou uma voz interior? Houve algum movimento dos olhos? Houve um aspecto energético? Você pode sentir isso como um leve puxão na direção do movimento pretendido. Não há maneira certa ou errada de experimentar isso. Simplesmente observe e tenha curiosidade.

> **Saiba mais**
>
> Agora tente isto...
>
> Quando você se sentir confortável com esse exercício, tente o seguinte para aprofundar sua experiência:
>
> - Explore o ponto central de seu movimento, fazendo movimentos menores para a esquerda e para a direita. Pergunte-se: "Como sei que minha cabeça está voltada para a frente quando estou de olhos fechados?".
> - Experimente o exercício com os olhos abertos.
> - Considere as maneiras pelas quais sua mente vagou e como você a trouxe de volta ao exercício.
> - Fique atento aos rótulos verbais/visuais que possam surgir das partes do corpo. Assim que percebê-los, esqueça-os e fique com as sensações.

Onde você está agora

Há muitas formas pelas quais podemos explorar a intenção – com nossos próprios movimentos, observando os movimentos dos outros, refletindo sobre nossas intenções a cada momento, e em um nível mais amplo à medida que avançamos pela vida. Com o BMT, qualquer movimento que você faz é uma chance de prestar atenção na intenção e treinar seu cérebro. Com esse treinamento, você ficará mais antenado com suas próprias intenções e com as intenções dos outros. O cérebro coloca uma intenção antes de você se mover, criando um modelo com o qual você pode comparar o que realmente acontece. Ao estabelecer um modelo explícito do que você pretende com sua prática de atenção plena, você pode perceber quando está se desviando, o que facilita permanecer nos trilhos em todas as áreas da vida.

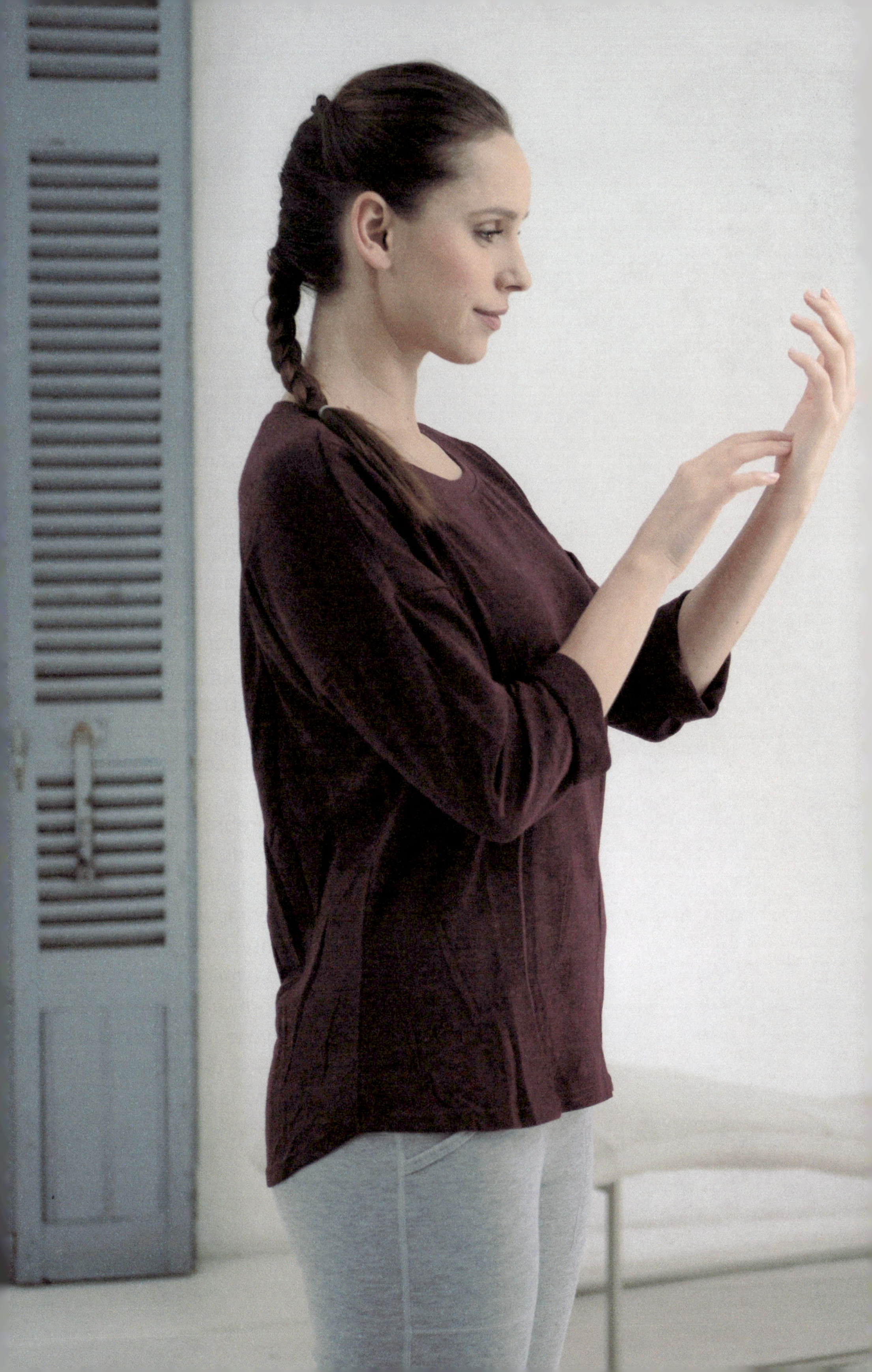

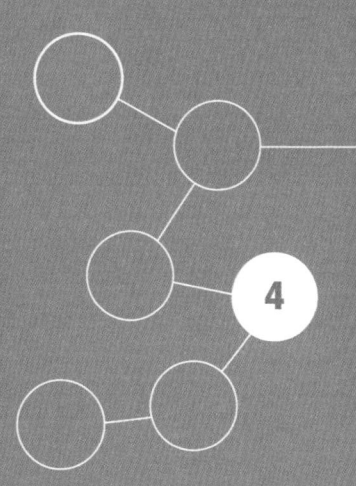

Atenção

Neste capítulo, vou explorar o papel da atenção na prática de mindfulness, usando os exercícios do BMT – e, portanto, o corpo – para ajudar você a entender conceitos-chave. O treino deliberado de nossa atenção com a atenção plena no corpo não apenas melhora o foco e a clareza, como também nos ajuda a regular nossos estados emocionais, com grandes benefícios para nossa vida profissional e pessoal.
O primeiro passo é descobrir como podemos treinar nossos cérebros escolhendo onde colocamos e para onde colocamos nossa atenção. Vou mostrar a você como seu foco pode ser restrito ou amplo, e em quais condições a lente da atenção se altera. Vamos também explorar como este treinamento nos capacita a liberar o aperto das emoções quando estamos estressados, e nos ajuda a entender que somos mais do que apenas nossa dor, tristeza ou frustração.

O que é atenção?

Se quisermos realmente nos envolver com nossas experiências precisamos estar com elas, prestar total atenção a elas, além de aprender a notar quando nossa atenção divaga. Isso nos permite escolher onde focamos nossa atenção, trazendo um pouco de disciplina para nossas mentes naturalmente indisciplinadas.

Na psicologia ocidental há muitos tipos diferentes de atenção, demonstrados no diagrama a seguir.[64] São eles: atenção de alerta, de orientação e de execução. Cada um desses tipos de atenção tem uma rede neural dedicada, o que significa que temos três conjuntos de "músculos de atenção" para trabalhar.

1. A **Atenção de Alerta** refere-se ao sistema com que nos envolvemos quando algo – um som em algum lugar próximo ou um pensamento – chama nossa atenção. É o sinal: "Ei, o que é isso?" de que já tenha trazido para o centro de atenção alguma coisa relevante para nossa sobrevivência. Esse sistema significa que estamos prontos para nos conscientizarmos de informações importantes no meio ambiente. Se ouvisse um barulho alto na outra sala enquanto lia este livro, seu sistema de alerta seria disparado. Ainda hoje, a atenção de alerta é essencial em determinadas situações (como quando sente um perigo iminente na estrada), mas pode causar distração se você estiver, por exemplo, com a atenção focada no recebimento de e-mails ou nas notificações do Facebook, quando você deveria estar trabalhando ou brincando com seus filhos!

---

64. Posner, M I, Rothbart, M (2007). Pesquisa em redes de atenção como modelo para a integração da ciência psicológica. *Annual Review of Psychology*, 58, 1-23.

O treinamento da atenção plena pode ensinar você a detectar quando sua mente se move desta forma bastante rápida. Enquanto parte desse movimento está fora de seu controle, a maior parte dele é habitual.

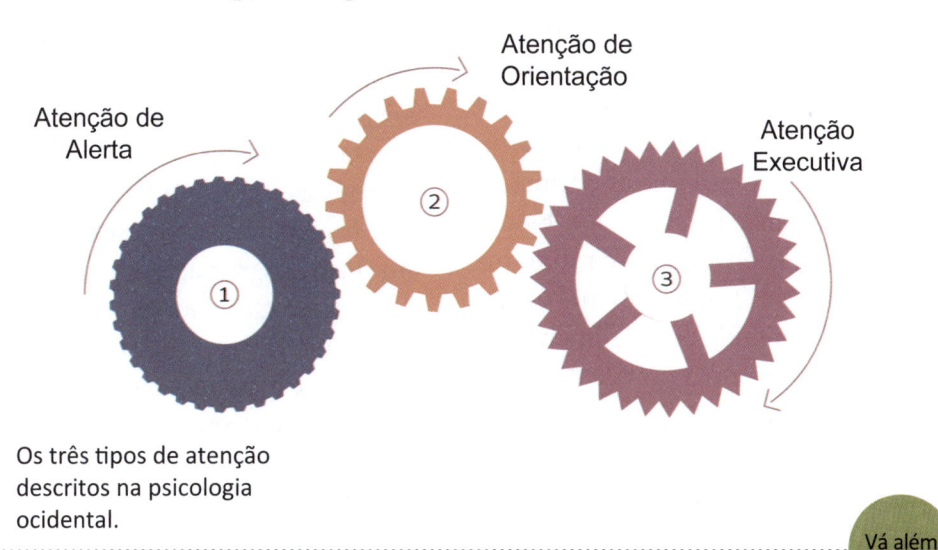

Atenção de Alerta (1)
Atenção de Orientação (2)
Atenção Executiva (3)

Os três tipos de atenção descritos na psicologia ocidental.

Vá além

Os dez estágios do treinamento de atenção

Apesar de termos identificado três tipos de atenção, o Budismo descreve muitos mais, como resultado de milhares de anos de prática. Em seu excelente livro *The Attention Revolution*[65] (A Revolução da Atenção), o autor e estudioso contemplativo Alan Wallace detalha dez estágios do desenvolvimento de atenção, que vão desde o direcionamento da atenção para a respiração (etapa 1) até o treinamento de estabilidade e nitidez da atenção para alcançar calma e tranquilidade mental (estágio 10). Mesmo atingir o estágio 2 (manter foco total em um objeto por um minuto sem se distrair) é benéfico, e alguém que pratique a atenção plena regularmente, mas que viva no mundo "real" com família, trabalho e inúmeras outras responsabilidades, consegue chegar somente ao nível 3 ou 4. Ir além do nível 4 requer compromisso profissional para o treinamento da atenção, incluindo a prática prolongada de retiro silencioso, ou seja, treinar sua atenção em um ambiente com o mínimo de distrações possível por meses e até mesmo anos.

---

65. O site <www.alanwallace.org/attrev.pdf> fornece um breve resumo deste livro.

2. A **Atenção de Orientação** é usada quando queremos focar em uma coisa, excluindo todas as outras. Escolher ler essas palavras requer que você oriente sua atenção para a página, reduzindo a quantidade de atenção que dá para o processo visual da mesa ou do chão ao seu redor. Esse sistema de atenção é muito mais lento e exige mais esforço, mas pode ser facilmente treinado com a prática de atenção plena.
3. A **Atenção Executiva** é o sistema de atenção mais refinado de todos, porque é o canal por meio do qual assumimos o controle de nossa atenção e de nossa experiência. Na atenção executiva, temos de transferir nosso foco de uma coisa para outra. É isso que você praticou quando se desvinculou da mente errante e voltou a focar nas sensações corporais. Usamos esse tipo de atenção quando resolvemos conflitos entre pensamentos, sentimentos e ações. Isso nos permite raciocinar. Ela traz os objetos para a percepção consciente, para que possamos manipulá-los de uma forma que atenda a nossos objetivos e nos ajude a inibir (ou rejeitar) os estímulos que já não servem mais ao nosso propósito.

Em seu cérebro, o córtex cingulado anterior, uma importante região do lobo frontal, está envolvido na atenção executiva. A conexão dessa região do cérebro com outras regiões importantes do lobo frontal altera-se mesmo após um curto programa de treinamento.[66] Essa região parece trabalhar de forma diferente nas pessoas que têm experiência com meditação, respondendo mais quando comparada com participantes-controle na prática de meditação respiratória.[67] O córtex cingulado também está intimamente ligado às áreas cerebrais que governam as emoções, é por isso que emoções fortes muitas vezes impedem nossa concentração.

"Excitação" é um termo que se refere ao estado de vigília do sistema mente-corpo. É a parte da atenção do "como" e não do "o quê". É esse tipo de atenção ao qual nos referimos quando, durante a prática, nos perguntamos:

---

66. Hölzel, B K, Ott, U, Hempel, H, Hackl, A, Wolf, K, Stark, R, Vaitl, D (2007). Envolvimento diferencial do cíngulo anterior e do córtex frontal medial adjacente em meditadores experientes e não meditadores. *Neuroscience Letters*, 421, 16-21.
67. Hölzel *et al.* (2007).

"Qual é a qualidade de minha atenção? É lenta? Sonolenta? Relaxada? Agitada? Vaga? Ativa?". Nós modulamos esse estado de vigilância deliberadamente quando começamos a praticar a atenção plena, colocando o corpo em um estado "alerta, porém relaxado" (endireitando a coluna, criando um sentido de vigília e, em seguida, relaxando qualquer tensão muscular).

Como treinar a atenção

No BMT, procuramos descobrir o que podemos fazer agora – no meio de nossa agitada vida cotidiana – para treinar nossa atenção, usando o corpo em movimento como nossa principal ferramenta de aprendizagem. O rosto, conectado a uma região cerebral complexa, é bem útil como uma área de foco.

O primeiro passo para aprender a treinar nossa atenção é entender como podemos decidir movê-la pelo corpo e, à medida que o fazemos, aprender mais sobre o que prende nossa atenção. No fim, será possível dominar nosso sistema de atenção.

As seguintes séries de exercícios ajudarão você a treinar sua atenção. Ao se dedicar a eles, você conhecerá seu corpo em um nível muito mais profundo, assim como aprenderá mais sobre a marca de identificação de seus movimentos mentais – os instantes em que você permite que outras coisas, além das sensações corporais, prendam sua atenção.

Bem-vindo ao seu rosto

Se você já completou os tradicionais programas MBSR (Redução de Estresse Baseada na Atenção Plena) ou MBCT (Terapia Cognitiva Baseada na Atenção Plena), está familiarizado com o escaneamento do corpo – um exercício de 45 minutos durante o qual você vai escanear, sistematicamente, seu corpo desde o dedinho do pé até o topo da cabeça. O escaneamento do corpo atinge todos os três tipos de atenção (ver páginas 108-111), exigindo que você oriente o foco para o corpo, mantenha atenção perante as distrações de prontidão e monitore todo o esforço para assegurar-se de que está no caminho certo.

> **Vamos tentar**
>
> ### Sinta seu cérebro em suas mãos
>
> Usar suas mãos como foco permite que você sinta como a área cerebral relacionada às mãos é maior do que, digamos, a parte que controla o joelho. Agora tente. Passe alguns minutos prestando atenção em suas mãos e observe as sensações nelas. Em seguida, despenda alguns minutos prestando atenção ao seu joelho. O que você descobriu?
>
> Você também pode testar com os lados esquerdo e direito. Em geral, somos mais destros ou canhotos, o que significa que haverá mais atividade cerebral dedicada à mão dominante. Veja se você pode detectar essa diferença agora prestando muita atenção enquanto muda seu foco entre as sensações em suas mãos direita e esquerda.

O BMT leva essa prática ainda mais além. No BMT, o objetivo não é apenas treinar a atenção, mas também entender e empregar a neuroanatomia subjacente para ajudar a aumentar seu aprendizado e melhorar sua prática. Além do mais, o escaneamento mais tradicional não permite que você gaste seu tempo na única área de seu corpo onde há frequentemente uma riqueza de sensações a ser sentidas – seu rosto.

O rosto e o cérebro

Há áreas cerebrais desproporcionalmente grandes dedicadas ao seu rosto e às suas mãos (ver o "Vamos tentar'" anterior). O diagrama a seguir mostra que grandes faixas do córtex somatossensorial codificam a informação facial. Essa região cerebral é particularmente grande porque nosso controle sobre nossos músculos faciais precisa ser regulado para nos permitir falar e, também, para comunicar nossas emoções usando nossas expressões faciais. Uma inundação constante de informações flui entre nosso rosto e essa região do cérebro, e isso o torna um assunto excelente para treinamento de atenção.

No exercício nas páginas a seguir, você moverá sua atenção por todo o seu rosto, aprendendo a orientá-la conscientemente. Usar seu rosto mais do que o corpo todo significa que pode praticar o exercício em qualquer lugar, e que não precisa estar deitado. Além do mais, trabalhar com uma parte do corpo que é conectada a uma grande e complexa região cerebral aumenta o potencial de treinamento do exercício.

Localização nos lobos frontais

Córtex motor primário
Córtex somatossensorial primário

Onde a informação sensorial é processada

Braço, Cotovelo, Antebraço, Pulso, Mão, Dedos, Olho, Nariz, Rosto, Lábio superior, Lábio inferior, Dentes e gengivas, Língua, Faringe, Intra-abdominal
Ombro, Cabeça, Pescoço, Tronco, Quadril, Perna, Pé, Dedos dos pés, Genitália

Córtex somatossensorial primário

Onde a informação motora é processada

Pulso, Mão, Dedos das mãos, Pescoço, Testa, Pálpebras e globos oculares, Rosto, Lábios
Ombro, Cotovelo, Tronco, Quadril, Joelho, Tornozelo, Dedos dos pés
Vocais, Salivação, Mastigação

Córtex motor primário

Áreas no cérebro onde a informação sensorial e motora é processada (acima). Cada parte do corpo é controlada por um ponto preciso (*direita*), com áreas desproporcionalmente grandes dedicadas às mãos (pontos azuis) e rosto (pontos roxos).

Vamos praticar: atenção plena ao rosto

Este exercício, que deve levar de cinco a dez minutos, tem o objetivo de ser uma prática formal, mas na verdade você pode praticá-lo em qualquer lugar e a qualquer momento: tente executá-lo cinco ou seis vezes por dia (o que acrescenta até 25-30 minutos de atenção plena por dia!). Você notará que, a cada vez que pratica, sua capacidade de manter seu foco aumenta e o exercício se torna mais fácil. Você pode fazê-lo no trabalho, no ônibus, no parque ou em casa, mas desacelere e, antes de começar, defina sua intenção sobre se você está usando isso como uma prática formal de treino de atenção ou de "verificação informal".

1. Sente-se em uma posição confortável, colocando as mãos no seu colo para apoiar o peso de seus braços e ombros. De preferência, feche seus olhos, mas você pode deixá-los abertos se não for seguro fechá-los (quando está dirigindo, por exemplo). Faça três respirações suaves e contínuas, declarando sua intenção para que sua mente esteja alerta e seu corpo relaxado.

2. Foque deliberadamente sua atenção em sua testa. Escaneie essa região com o "olho da mente", tanto horizontal (entre a raiz do cabelo e as sobrancelhas) quanto verticalmente (da esquerda para a direita da testa).

3. Veja se consegue sentir suas sobrancelhas a partir de dentro – você consegue determinar onde elas começam ou terminam? As sensações são maiores no centro ou em direção às extremidades? Se não conseguir sentir nada, movimente suas sobrancelhas devagar para cima e para baixo. Foque a atenção em suas sobrancelhas à medida que você as movimenta, em seguida pare o movimento e focalize sua atenção nelas. Mantenha

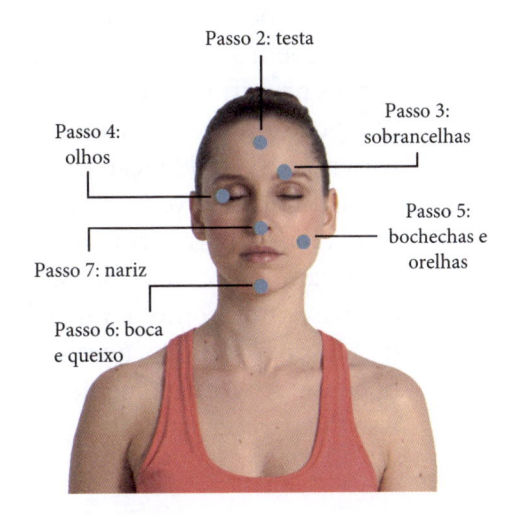

Passo 2: testa
Passo 3: sobrancelhas
Passo 4: olhos
Passo 5: bochechas e orelhas
Passo 7: nariz
Passo 6: boca e queixo

o foco em suas sobrancelhas, mesmo se as sensações forem fracas ou inexistentes.

4. Agora preste atenção aos seus olhos e à região de seu rosto ao redor dos olhos, incluindo pálpebras, cílios e globos oculares, e os pequenos músculos ao redor das extremidades de seus olhos. Você consegue sentir os músculos se soltando e relaxando? Focando a atenção nos olhos em si, como eles parecem: secos ou úmidos? Estão doloridos ou cansados? Tente dar algumas piscadelas atentas.

5. Transfira sua atenção para bochechas e orelhas. Você consegue detectar sensações na parte carnuda de sua bochecha? Consegue sentir as maçãs do rosto? O que consegue notar sobre as sensações nas partes internas e externas de suas bochechas – foque a atenção em uma bochecha e depois na outra, observando o que você precisa para mudar (orientar) sua atenção para um lado ou para o outro. Solte e relaxe os músculos que se situam logo abaixo de suas orelhas, onde começa a mandíbula, permitindo que sua boca se abra suavemente se isso lhe parecer natural.

6. Transfira sua atenção para a boca e o queixo. O que você consegue notar que seja rígido ou macio na parte de dentro de sua boca e depois na parte de fora dela? Você consegue observar onde a parte interna de seus lábios se torna a parte externa? Onde tem umidade? Onde tem secura? Consegue detectar alguma diferença na sensação pura de seus dentes em contraste com as sensações suaves de sua língua e lábios?

7. Por último, mude sua atenção para seu nariz, envolvendo-se com as sensações de suas narinas (você consegue sentir o ar de encontro a elas durante a respiração?), bem como as sensações das partes internas e externas de seu nariz. Termine o exercício prestando atenção a três respirações contínuas e suaves, então abra seus olhos.

> **Saiba Mais**
>
> **Agora tente isto...**
>
> Nesse exercício, você deliberadamente moveu sua atenção por todo o seu rosto. Da próxima vez, tente mover sua atenção da base de seu rosto ao topo, ou da esquerda para a direita, ou ainda da frente para a parte de trás (passando por seu rosto e cérebro até a parte de trás de sua cabeça). O objetivo é treinar sua atenção para dirigi-la para onde quiser.

Como usar seu rosto para ajudar a se soltar

A ilustração a seguir mostra a profusão de músculos que o ajudam a formar suas expressões faciais, e a mover sua boca para que você possa falar. No exercício anterior, você pode ter começado a ter uma ideia geral das sensações dessa grande quantidade de músculos faciais. Particularmente ao redor de seus olhos e das articulações de sua mandíbula, estão situadas áreas onde há a tendência de reter tensão e estresse. É aqui que você pode ser mais capaz de sentir o que acontece quando "se solta". Mas lembre-se, com a atenção plena estamos treinando para ficarmos bem com o que quer que esteja ali, então pode ser que o que você note seja apenas um: "Uau, está realmente tenso".

A forma como você se sente quando libera a tensão nesses músculos é a mesma sensação de liberação que você deve cultivar em sua mente. Essa sensação pode ser sentida quando você

Os músculos importantes do rosto

Ter consciência dos músculos que controlam suas expressões faciais ajudará você a prestar atenção a eles e a relaxar as áreas que está mantendo tensionadas. Isso também aumentará sua consciência emocional.

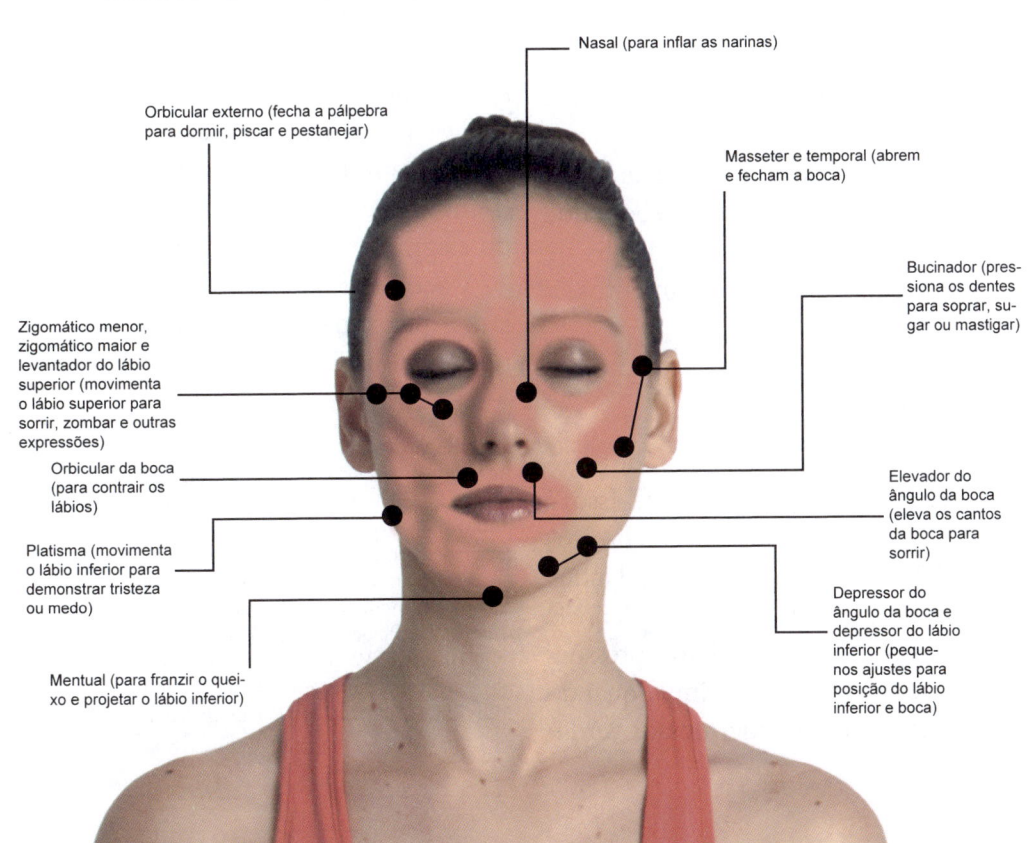

- Nasal (para inflar as narinas)
- Orbicular externo (fecha a pálpebra para dormir, piscar e pestanejar)
- Masseter e temporal (abrem e fecham a boca)
- Bucinador (pressiona os dentes para soprar, sugar ou mastigar)
- Zigomático menor, zigomático maior e levantador do lábio superior (movimenta o lábio superior para sorrir, zombar e outras expressões)
- Orbicular da boca (para contrair os lábios)
- Elevador do ângulo da boca (eleva os cantos da boca para sorrir)
- Platisma (movimenta o lábio inferior para demonstrar tristeza ou medo)
- Depressor do ângulo da boca e depressor do lábio inferior (pequenos ajustes para posição do lábio inferior e boca)
- Mentual (para franzir o queixo e projetar o lábio inferior)

reduz a intensidade de contração e esforço associados às suas experiências mentais.

O mindfulness visa a um estado atento da mente – um estado que seja alerta, porém também relaxado. Estado de alerta em demasia resulta em um tipo de tensão ou concentração forçada, que poderia aparecer em seu rosto como um franzido na testa e o aperto dos olhos. Depois de algum tempo, você provavelmente achará cansativo esse tipo de atenção excessiva.

Se você perceber que está tensionando ou contraindo seu rosto, tente pausar e soltar seus músculos faciais, e então verifique a qualidade de sua atenção e de sua mente. À medida que solta seu olho, bochecha e os músculos da mandíbula ao redor de seu rosto, você perceberá que também relaxa sua tendência de se agarrar a seus pensamentos.

Lendo a mente de outra pessoa

Você já viu um "lampejo" de emoção no rosto de alguém? Isso é percebido quando seu cérebro codifica a configuração muscular que indica o estado emocional daquela pessoa. São essas microexpressões que tentamos suprimir quando queremos esconder nossos verdadeiros sentimentos. No entanto, a atenção plena lhe dá poder de percebê-las em outra pessoa, mesmo se elas aparecerem somente por uma fração de segundo, e essa habilidade pode ser treinada.[68]

O hábito de "checar" seu rosto e de permanecer alerta a suas expressões faciais pode desenvolver sua sensibilidade às emoções de outras pessoas, bem como as suas. Pesquisas demonstram que quando vemos outra pessoa sorrir ou franzir a testa, nós também sorrimos ou franzimos a testa em resposta. Isso é chamado "contágio de emoção"[69] e se desenvolveu como uma forma de nos ajudar a viver com sucesso em grandes grupos sociais, onde havia uma vantagem para aqueles que pudessem entender o que os outros estavam sentindo e agir de modo adequado.

Você pode ter experimentado isso – pense nas pessoas que conhece que estão sempre sorrindo

---

68. Ekman, P (2003). Darwin, decepção e expressão facial. *Annals of the New York Academy of Sciences*, 1000, 205-221. Russell, T A, Chu, E, Phillips, M L (2006). Estudo piloto para investigar a eficácia da recuperação de reconhecimento de emoção na esquizofrenia usando a Ferramenta de Treinamento de Microexpressão. *British Journal of Clinical Psychology*, 45 (4), 579-583.

69. Doherty, R W (1997). A escala de contágio emocional: uma medida das diferenças individuais. *Journal of Nonverbal Behavior*, 21 (2), 131-154.

e felizes. Que efeito elas têm em seu estado de espírito? Preste atenção nisso na próxima vez que interagir com alguém que esteja ou muito feliz ou muito deprimido. Veja se você consegue, com a atenção plena, começar a notar quando seu rosto imita o dele.

Mude seu rosto, mude seu estado de espírito

Da mesma forma, afiar a consciência de suas próprias expressões faciais o ajuda a controlar seu próprio estado de espírito e a desenvolver autoconhecimento emocional (uma habilidade importante da inteligência emocional). Você já notou como só o fato de sorrir pode fazê-lo se sentir mais feliz na hora? Tente segurar uma caneta entre os dentes. Veja como ela levanta os lados de sua boca como se você estivesse sorrindo e tem o efeito de melhorar instantaneamente seu estado de espírito.

Por outro lado, segurar uma caneta entre os lábios para fazer uma expressão carrancuda pode provocar um mau humor.[70] Em psicologia, esses efeitos são denominados "hipóteses de feedback facial".

Da próxima vez em que tentar fazer o exercício de atenção plena no rosto das páginas 117-118, tente terminar com um pequeno sorriso em seu rosto e veja o que acontece. Observe como seu corpo influencia sua mente – e como sua mente influencia seu corpo.

Holofote da atenção — A prática

Você pode pensar em sua atenção como se fosse um holofote, com as seguintes propriedades:

○ Ela pode se mover voluntariamente (podemos escolher onde focar nossa atenção);

○ Ela pode ter um foco pequeno e estreito ou um foco amplo (e pode mudar ambos automática e voluntariamente);

○ Está sujeita à mudança intencional – por exemplo, algumas coisas, tais como eventos estressantes ou emoções fortes que se apoderam de nossas emoções, automaticamente mudam o foco do holofote;

○ Podemos usá-la para trazer itens para o primeiro plano de nossa atenção, quando ainda acontecem coisas no plano de fundo.

---

70. Strack, F, Martin, L L, Stepper, S (1988). As condições inibidora e facilitadora das expressões faciais: um teste não intrusivo da hipótese de feedback facial. *Journal of Personality and Social Psychology*, 54, 768-777.

O holofote da atenção

Você aprendeu que pode deliberadamente passar sua atenção por seu rosto (e, por extensão, em qualquer parte de seu corpo), mesmo quando há muitas distrações internas e externas. Agora é hora de aprender a ampliar e estreitar seu foco à vontade.

Imagine um holofote iluminando os atores em um palco – algumas vezes a luz brilha sobre grandes partes do palco e sobre muitos atores, e em outras ela focaliza apenas um local e um único ator. Jogar com sua atenção visual é uma boa maneira de experimentar a noção do holofote da atenção (ver o quadro anterior). Por exemplo, agora estreite sua atenção de forma que você foque completamente em apenas uma **palavra** desta página. Em seguida, amplie sua atenção para englobar a página toda, o livro, o ambiente em que você está e o que está acontecendo ao seu redor.

Atenção e artes marciais

Os praticantes de artes marciais, em geral, empregam um foco de atenção mais amplo e mais suave. Esse tipo de atenção combina com o estado de vigília e relaxamento de que você precisa para estar pronto para a ação, evitando o cansaço que surge quando fica excessivamente alerta. É mais ou menos como o aumento da visão periférica – você pode absorver mais informação, mas com menos detalhes.

Você também pode usar essa abordagem com sua atenção interna, ampliando e expandindo seu foco usando o olho da mente. Se você praticar bem isso, também achará mais fácil notar quando estiver restringindo sua visão mental.

Exercício para o cérebro

O treinamento de atenção plena repetidamente estreita, amplia, estreita, amplia, assim como o foco de sua mente – da mesma forma que você pode fazer repetidas flexões para fortalecer os braços na academia. A prática regular do exercício BMT da página 123 ajuda a neutralizar qualquer sensação de compressão física ou mental e também a manter uma atenção geral, porém alerta, por períodos maiores.

Por sua vez, isso pode ajudá-lo a ver que sua experiência é mais do que apenas seus pensamentos internos, sentimentos e emoções, e mais do que a sua dor, raiva, julgamento e reflexões; e que o mundo é mais do que simplesmente "eu" ou "para mim".

Como exercitar as lentes da atenção

O exercício a seguir é muito similar àquele de atenção plena ao rosto, das páginas 117-118. Contudo, desta vez você descobrirá qual parte de seu sistema de atenção ajuda a estreitar e a ampliar seu foco.

> Uma atenção alerta, porém relaxada, na mente e no corpo: um monge praticando a antiga arte do tai chi em um templo no Monte Tai, uma das montanhas sagradas da China.

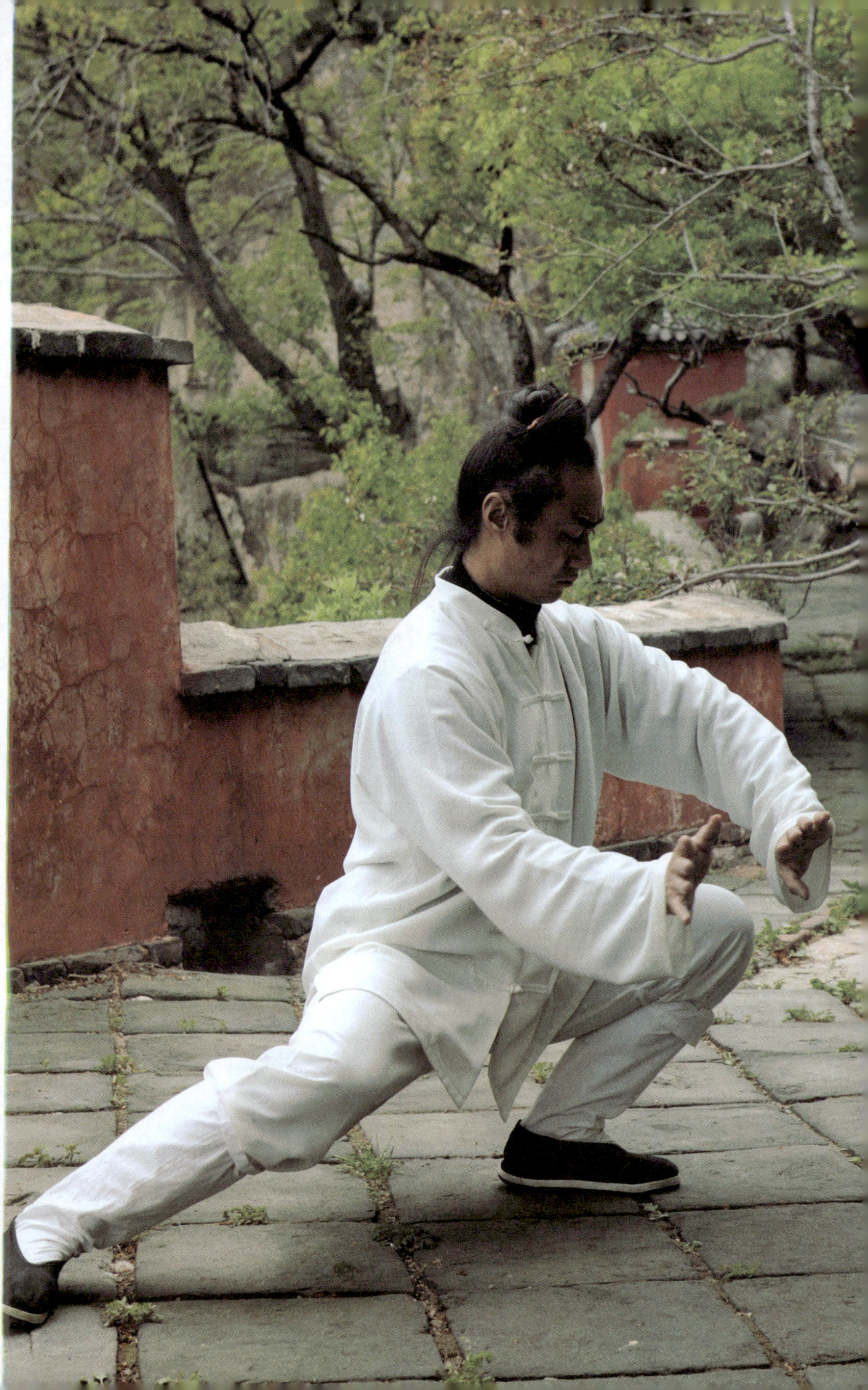

Vamos praticar: como mudar o foco do holofote da atenção

Pratique este exercício por 5 a 10 minutos em um ambiente tranquilo – ele requer sua atenção total.

1. Coloque-se no exercício com um rápido escaneamento voluntário de seu rosto de cima para baixo, como você fez no exercício da página 117. Ajuste sua intenção de estar alerta ao tamanho da lente de sua atenção, usando as sensações de seu rosto como principal objetivo de sua atenção.
2. Quando estiver pronto, foque a atenção na ponta de seu nariz, ficando realmente curioso sobre todas as sensações que consegue sentir ali. Mantenha essa atenção por alguns instantes.
3. Escolha ampliar sua atenção desse ponto em seu nariz para todo o seu rosto. Observe como você mudou as lentes do holofote, inclusive como percebe esse movimento de ampliação em sua mente.
4. Agora comece a explorar: estreite seu foco para a ponta de seu nariz; amplie para todo o seu rosto; estreite, amplie; estreite, amplie. Continue praticando para a frente e para trás, trabalhando de fato esses músculos de atenção! Preste atenção aos seus olhos. Nossos olhos e nosso sistema de atenção estão tão intimamente ligados que, quando trabalhamos com a atenção interna, também movemos nossos olhos. O movimento dos olhos não é necessário, então tente separá-lo de seu movimento de atenção interna (isso pode requerer prática e o sucesso é um sinal de melhora do controle de atenção).

❷ Atenção na ponta do nariz

❸ Atenção ampliada para englobar todo o rosto

> **Agora tente isto** — Saiba mais
>
> É claro que o exercício de estreitamento-ampliação pode ser feito com outras partes de seu corpo. Tente focar em um dedo da mão ou do pé, por exemplo, e então expanda sua atenção novamente para englobar toda a sua mão ou pé, e em seguida seu corpo todo.

Importância da prática

Os movimentos graciosos e, aparentemente, sem esforço de atletas ou bailarinos são na verdade o resultado de horas de treinamento e disciplina. Para alcançar esse nível de falta de esforço, todos nós precisamos praticar a atenção.

O treinamento de atenção mindfulness é desafiador, simplesmente porque a maioria de nós não está acostumada a aprimorar nossa atividade cerebral dessa maneira. Treinar o cérebro para ter um foco mais forte é como treinar qualquer músculo no corpo – no início, ele parecerá frouxo e sem coordenação, e pode até mesmo parecer que "protesta" (ele dói, assim como dói um músculo fora de forma) com um exercício e disciplina tão rigorosos. Mas, assim como acontece com a aprendizagem de novas habilidades, quando sua eficiência aumenta, sua dor e o esforço necessário serão reduzidos. Então persevere com os exercícios – você logo notará a diferença!

Revise rotineiramente suas intenções mais amplas com essa prática para ajudar a mantê-lo nos trilhos de uma forma que seja significativa para você.

A prática leva à perfeição

Um estudo de neuroimagem com meditadores experientes[71] (com uma média de 44 mil horas de prática de meditação) mostrou que a habilidade deles em prestar atenção era tão bem praticada que era realizada sem esforço. Comparando monges

---

71. Brefczynski-Lewis, J A, Lutz, A, Schaefer, H S, Levinson, D B, Davidson, R J (2007). Correlatos neurais de conhecimentos de atenção em profissionais de meditação de longo prazo. *Proceedings of the National Academy of Science*, 104 (27), 11483-11488.

bastante experientes com outros com menos treinamento, o estudo lhes pediu que se concentrassem em um ponto em uma tela por um longo período. O estudo mostrou que aqueles que estavam nos primeiros estágios de treinamento (os meditadores menos experientes) tinham mais atividade na rede de atenção cerebral em seus cérebros. A rede de atenção dos monges mais experientes estava, em contraste, relativamente inativa. O que a princípio exigia muita prática e esforço tornou-se fácil com o treinamento.

Experiências de tarefas Stroop

Você já deve ter ouvido falar do "efeito Stroop", que recebeu esse nome por causa do pesquisador John Ridley Stroop. Nas experiências de tarefa de Stroop, o nome de uma cor aparece em uma tela e pode ou não corresponder à cor das letras em si. Então, quando aparece a palavra "vermelho", ela pode estar escrita na cor azul. Ou talvez esteja escrita na cor vermelha. Se o nome da cor combinar com a cor das letras, os participantes devem apertar um botão. Se não combinarem, lhes devem reter o impulso de apertar o botão.

Um estudo do qual participei com colegas do Brasil demonstrou que meditadores leigos eram mais capazes de evitar fazer um julgamento cognitivo incorreto com relação a palavras e cores não correspondentes, e de inibir a resposta motora de apertar o botão, em comparação com aqueles do grupo de controle.[72] Para se saírem bem nesta tarefa, os meditadores usaram menos de seu lobo frontal do que os não meditadores. Isso sugere que seu treinamento teve resultado mais eficiente nessa área de trabalho do cérebro.

---

72. Kozasa, E, Sato, J, Lacerada, S, Barreiros, M, Radvany, J, Russell, T A, Sanches, L, Mello, L, Amaro Jr, E (2012). O aumento da eficiência do cérebro em uma tarefa de atenção com o treinamento da meditação. *NeuroImage*, 59, 745-749.

Vamos praticar: segurar a bola na altura dos ombros

Nos passos de 1 a 12, você vai trabalhar para entender a essência da sequência. Vai transferir o peso de seu corpo do pé direito para o esquerdo, e depois do esquerdo para o direito, enquanto eleva a mão em forma de concha até a altura de seu ombro, como se estivesse segurando uma bola. Se seu peso estiver no pé esquerdo, a mão direita estará segurando a bola (e vice-versa). Seu corpo se move de forma suave, para a esquerda e para direita, e ligeiramente para cima e para baixo.

Avance para o passo 13 para começar a treinar sua atenção mais precisamente. Você vai colocar um foco estreito de atenção em seus pés, cintura e tronco, e então em suas mãos. Por fim, transfira sua atenção para a respiração e em seguida amplie para todo o corpo.

Caso se sinta confortável, feche os olhos, mas, se for iniciante, você pode preferir mantê-los abertos.

1. Comece na postura em pé do tai chi, com os pés voltados para a frente, joelhos levemente flexionados, quadril encaixado e com uma postura alerta, porém relaxada, em todo o torso. Deixe as mãos soltas nas laterais de seu corpo, com as palmas voltadas para baixo e os dedos apontados para a frente.

2. Comece a transferir seu peso para o pé esquerdo. Enquanto faz isso, vire seu pulso direito, de forma que a palma vire para dentro, permitindo que sua mão empurre o ar de um lado para o outro à frente de seu corpo enquanto transfere o peso. Por todo o movimento para a esquerda, mantenha sua mão esquerda próxima ao

seu quadril esquerdo, com a palma voltada para o chão.

3. Depois de transferir seu peso até onde conseguir, comece a girar sua cintura, "arrastando" sua mão direita mais além até atingir o limite de giro da cintura.

4. Agora comece a tirar o calcanhar direito do chão, até você ficar sobre a ponta do pé direito, criando um movimento de elevação (a perna direita se estenderá, permitindo que o corpo se eleve). Continue virando o pulso enquanto eleva o corpo, com a mão direita alcançando a altura do ombro, com a palma virada para cima em direção ao céu, como se estivesse levantando e segurando uma bola. Faça uma pausa e mantenha essa posição antes de inverter o movimento.

5. Vire a mão direita deixando a palma da mão para baixo, enquanto você começa a colocar a lateral do pé direito no chão. Enquanto o pé se reconecta com o solo, abaixe naturalmente a mão. Trabalhe primeiro com as pernas e solte sua mão.

6. Enquanto seu pé direito se reconecta com o chão, a partir dos dedos, passando pela ponta do pé, até o pé se colocar todo no chão, desloque seu peso para o lado direito e vire sua mão direita para dentro, como se sua palma varresse o ar de um lado para outro de seu corpo.

7. Volte à posição inicial. Agora você vai repetir a sequência de movimentos, deslocando o peso para o pé direito.

Segurar a bola na altura dos ombros (continuação)

8. Enquanto transfere o peso para o pé direito, vire o pulso esquerdo deixando a palma da mão para dentro, empurrando o ar pela frente de seu corpo conforme transfere o peso. Por todo o movimento à direita, mantenha a mão direita próxima de seu quadril no lado direito, com a palma voltada para o chão.
9. Depois de transferir seu peso até onde conseguir, comece a virar sua cintura, arrastando sua mão esquerda até atingir o limite de rotação da cintura.
10. Agora comece a levantar o pé esquerdo, até ficar na ponta do pé, criando um movimento de elevação (a perna esquerda se alongará, permitindo que o corpo se eleve). Continue a virar o pulso esquerdo enquanto eleva o corpo, com a mão esquerda chegando até a altura do ombro, com a palma voltada para cima, em direção ao céu, como se estivesse levantando e segurando uma bola. Faça uma pausa e mantenha essa postura antes de inverter o movimento.
11. Colocando a lateral do seu pé esquerdo no chão, vire sua mão esquerda até a palma ficar voltada para baixo. Assim que o pé reconectar com o chão, você irá naturalmente abaixar sua mão. Trabalhe primeiro a partir das pernas e deixe que sua mão siga o movimento.
12. Coloque o pé de volta no chão devagar, começando pelos dedos, passando pela ponta do pé até estar completamente no chão, transfira seu peso para o lado esquerdo, vire

Repita a sequência para o lado direito

a mão esquerda para dentro enquanto a palma de sua mão varre o ar de um lado para o outro de seu corpo.

13. Volte à posição inicial. Enquanto continua a sequência de movimentos, atente para os seguintes aspectos de seu corpo: comece colocando um foco estreito de atenção aos pés no chão. Observe qualquer mudança de pressão nas solas dos pés enquanto transfere seu peso. Preste atenção no tempo que leva para transferir o peso e as consequentes mudanças nas sensações. Observe qualquer diferença entre o pé esquerdo e o direito em termos de estabilidade, equilíbrio, pressão e contato. Enquanto você muda para um lado, tome consciência de como seu outro pé se eleva, a partir do calcanhar, até que possa sentir o dedão do pé tocando o chão. Ao inverter o movimento, sinta primeiro o dedão do pé tocando o chão, então a planta de seu pé, depois o calcanhar. Observe como você pode levar atenção para essas três sensações se desenrolando com o tempo (dedos, planta, calcanhar). Quando mudar de direção, observe o inverso dessas ações – eleve o calcanhar, depois a planta do pé e toque o chão com seu dedão.

14. Agora preste atenção ao seu joelho e pélvis enquanto continua se movendo. Transfira sua atenção para a parte de cima de uma perna, notando o que o restante dela está fazendo. Observe se seus joelhos estão relaxados, apenas com uma suave flexão. Qual

Observe como seu pé se mexe: dedão, planta e calcanhar.

Fique atento a seus joelhos e pélvis.

Segurar a bola na altura dos ombros (continuação)

é o ponto mais confortável e útil no movimento para que isso ocorra? Experimente. Enquanto transfere o peso para um lado, procure a "sombra do joelho" acima do dedão do pé – isso significa que joelho e dedo estão alinhados. Ajuste seu movimento para que fique gracioso e fácil da forma que for melhor para você. Enquanto transfere o peso para a outra perna, quais sensações você percebe em sua pélvis? Talvez você perceba a dureza de seu osso e a forma como a pélvis se move como uma peça única. Permaneça com essas sensações, prestando atenção à ligação entre a transferência de peso e o movimento da pélvis. Tente ir mais devagar.

15. Transfira a atenção para sua cintura. Essa é a região entre a crista ilíaca e a caixa torácica. Veja como você pode desencaixar sua pélvis para poder mexer a cintura. Aqui, você pode começar a perceber a forma como uma torção em sua cintura segue a mudança de seu peso. Se possível, separe as sensações de seu quadril e da cintura, e experimente

Mude sua atenção para sua cintura.

Foque atenção em suas mãos...

... em seus pulsos e em seus dedos.

até onde você pode torcer sua cintura. Depois de transferir o peso, mantenha o equilíbrio usando a perna e o quadril, e deixe sua cintura torcer livremente a partir desse ponto de equilíbrio. Enquanto torce a cintura, mantenha os braços relaxados e perceberá o quanto de movimento de mão e braço você pode executar com o movimento da cintura em si. Esse é um aspecto realmente importante da prática de tai chi – você notará que precisará mexer menos seu braço, se puder ficar atento à torção em sua cintura e relaxar. Seu torso virará com a cintura, e os ombros e seu braço seguirão naturalmente o movimento. Quando torcer a cintura, fique atento às sensações em sua caixa torácica, aos músculos de suas costas e às sensações táteis de suas roupas. No final da torção da cintura, deixe que seu pé se apoie sobre o dedão. Em resumo, sua sequência é: transferência de peso, torção da cintura e virar o dedão do pé no chão.

16. Agora preste atenção às suas mãos. Enquanto encosta seu dedão no chão, você pode notar que está fazendo uma pequena elevação, esticando (mas não travando) seu joelho. Ao mesmo tempo, sua mão também começará a se elevar. Com a torção da cintura, a mão se move de um lado para o outro, assim como tirar o pé do chão permite que a mão se eleve ligeiramente. Você só precisa colocar a mão na posição correta para melhorar o que seu corpo está fazendo. A palma de sua mão deve estar voltada para cima no movimento ascendente; e para baixo no movimento descendente. Comece com a palma de sua mão voltada para baixo e posicionada ao lado de seu quadril, vire-a para dentro, como se estivesse cavando. Permaneça relaxado, permitindo que a transferência de peso e a torção da cintura façam o trabalho. Até onde sua mão pode chegar sem que você esteja realmente movendo-a? Ao virar seu dedão no chão, vire a palma para cima, como se estivesse segurando uma bola na palma da mão. Use força suficiente para elevar sua mão até a altura do ombro. Cuidado para não forçar, nem tentar exagerar muito. Se

Segurar a bola na altura dos ombros (continuação)

você vir que isso acontece, não se preocupe – basta observar essa tendência e ver se você pode refreá-la, ativando aquelas redes de inibição motora em seu cérebro.

17. Assim que começar o movimento inverso, vire a palma para o chão. Leve sua atenção para todos aqueles ossos que compõem seu pulso e sinta de verdade o movimento de rotação, com curiosidade sobre o que inicia o movimento e como. Mantenha seus dedos o mais relaxados possível para conseguir sentir diretamente a mecânica dentro de seu pulso e antebraço. Sinta bem a articulação do pulso à medida que vira a mão para cima. Leve atenção para cada dedo individualmente e explore quaisquer sensações da palma à ponta de cada dedo. Assim que a ponta do pé e em seguida o calcanhar voltarem ao chão, vire a mão e deixe que ela faça o caminho descendente até sua cintura. Enquanto transfere seu peso para o outro lado, sua outra mão começará a se elevar e a segurar a bola. Se sua mente vagar, simplesmente traga-a de volta sempre que precisar. Lembre-se de que você pode precisar refazer sua intenção (talvez dizendo gentilmente para si mesmo "mão, mão").

18. Transfira seu foco para sua respiração, mantendo o movimento o mais suave e gracioso possível. Preste atenção para a inspiração (pelas narinas) e a expiração (pela boca). Não precisa mudar o ritmo de sua respiração, mas veja o que acontece se você inspirar enquanto levanta sua mão, e expirar quando sua mão baixar. Siga em um ritmo que seja confortável para você, no qual se sinta relaxado e elegante sem qualquer esforço. Fique atento à sensação da respiração entrando e saindo de seu corpo, na região de seu nariz e boca. Preste atenção ao movimento de sua respiração em seu corpo, e na expansão e contração de sua caixa torácica. Note a transição entre inspiração e expiração e como isso está conectado com o movimento de sua mão.

19. Agora amplie sua atenção para todo o seu corpo e sua respiração. Veja como você

precisa ampliar as lentes da atenção para incluir muitos outros objetos. Nesse cenário, seu foco é menos preciso, mas pode trazer mais informações. Continue com esse foco ampliado por cerca de seis a dez movimentos. Esteja atento para o vagar da mente e volte a focar sua atenção em seu corpo.

20. Para terminar o exercício, com plena atenção e intenção, interrompa seu movimento. Volte para a posição inicial e permaneça por alguns instantes, notando o contraste em seu corpo entre movimento e repouso. Seu movimento pode continuar a acontecer mesmo quando seu corpo estiver parado, e não tenha pressa em terminar. Apenas faça uma pausa. O que mudou em seu corpo e mente após ter feito esse exercício?

Atenção e interferência da emoção

O treinamento da atenção o equipa para tomar a ação apropriada quando emoções intensas ou situações estressantes ameaçam sobrecarregá-lo.

Nossos cérebros são capazes de toda sorte de coisas incríveis – planejamento, análise, monitoramento e manipulação de informações. Muitas dessas chamadas "funções executivas" são gerenciadas pelos lobos frontais. Quando estamos calmos e relaxados, podemos usar esses lobos frontais em toda sua a plenitude. Nossas emoções surgem da ativação no sistema límbico. Quando estamos estressados ou emocionados, usamos essa parte primitiva de nosso cérebro. Quando o sistema límbico é ativado, o cérebro

Efeito do distúrbio emocional

Essas ilustrações mostram o cérebro durante condições de calma (*abaixo à esquerda*) e de estresse (*abaixo à direita*).

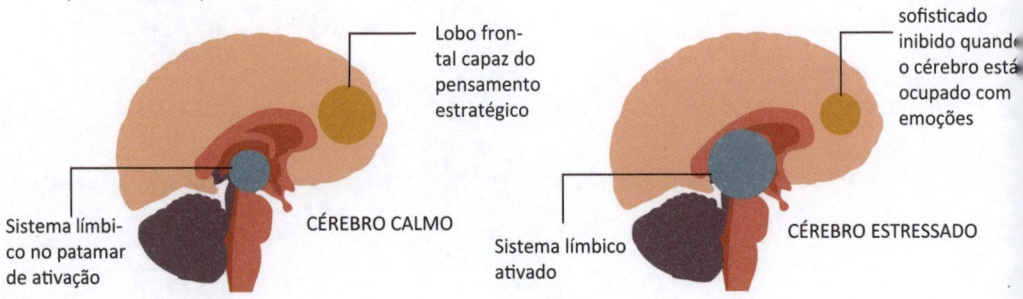

Lobo frontal capaz do pensamento estratégico

Sistema límbico no patamar de ativação

CÉREBRO CALMO

Pensamento sofisticado inibido quando o cérebro está ocupado com emoções

Sistema límbico ativado

CÉREBRO ESTRESSADO

trabalha no modo de congelamento, luta ou fuga. O resultado é que nosso pensamento sofisticado e habilidades estratégicas ficam comprometidos à medida que os recursos cerebrais ficam ocupados gerenciando as emoções. Nós nos envolvemos completamente com a tentativa de controlar nosso estado emocional, em vez de focar no presente.

O cérebro sob estresse

Você consegue se lembrar de alguma vez em que esteve realmente estressado ou chateado? O que aconteceu com sua habilidade de se comunicar ou de pensar com clareza? Sua fala ficou muito rápida ou você confundia as palavras? O estresse inibe a capacidade do lobo frontal do cérebro de monitorar a fala. O sistema límbico emocional toma conta e o lobo frontal se desliga – o cérebro não pode desperdiçar energia pensando sobre outras coisas ou planejando como ser eloquente quando há um perigo ou uma necessidade urgente de fuga!

Contudo, o treinamento regular da atenção plena pode melhorar a eficiência dos lobos frontais de modo que, mesmo em face de forte emoção, você fique mais capaz de funcionar de forma considerável. A atenção plena lhe dá a habilidade de pausar e escolher onde focar sua atenção e como responder, em vez de reagir sem pensar.

É muito importante entender que o treinamento da atenção plena não diminui ou suprime emoções. Na verdade, faz o oposto – ele o encoraja a acolher suas emoções e encará-las com simplicidade e honestidade, reduzindo a intensidade emocional e desarmando, dessa forma, muito do sofrimento adicional e ansiedade que você mesmo cria em torno disso.

A atenção plena o encoraja a acolher suas emoções e a encará-las com simplicidade e honestidade, reduzindo a intensidade emocional.

Efeito da atenção plena no cérebro
Depois do treinamento de atenção plena, podemos pensar estrategicamente mesmo quando sob estresse ou forte emoção.

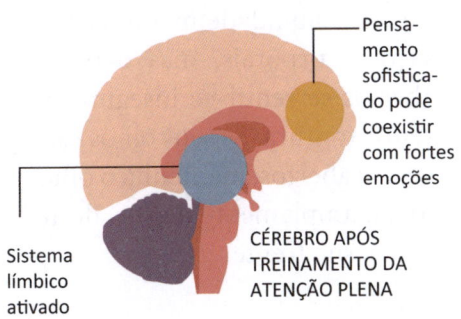

Pensamento sofisticado pode coexistir com fortes emoções

Sistema límbico ativado

CÉREBRO APÓS TREINAMENTO DA ATENÇÃO PLENA

Emoções intensas e atenção plena

Trabalhar com atenção plena lhe dá várias opções, como para onde você dirige sua atenção em seu corpo quando enfrenta fortes emoções. Nos estágios iniciais do treinamento de mindfulness, é útil que use a atenção plena ao corpo em movimento como a ferramenta de treino (como fizemos inicialmente neste livro), porque as sensações de seu corpo em movimento capturam e mantêm sua atenção mais facilmente – deixando você no momento presente. Com um pouco mais de treinamento e confiança, contudo, você será capaz de prestar atenção diretamente em como a emoção se manifesta nas sensações em seu corpo. Quando conseguir fazer isso, você estará pronto para parar de rotular suas experiências emocionais como "agradáveis" ou "desagradáveis" e, em vez disso, cultivar uma aceitação genuína e no momento presente de todos os aspectos de suas emoções. Você consegue encarar alegria e tristeza exatamente da mesma forma? Isso não significa que você não sinta essas emoções, significa apenas que você não mergulha nelas, não deixa que o sobrecarreguem nem se compromete com elas.

Quando as coisas ficarem difíceis, bata os pés

As sensações que você experimenta nas solas de seus pés podem realmente chamar sua atenção. O exercício a seguir é uma forma de se conectar ao seu corpo mesmo em momentos de verdadeira reviravolta emocional – pratique e isso irá ajudá-lo da próxima vez que começar a se sentir aborrecido ou mesmo irritado, permitindo que você, literalmente, "suporte" seus sentimentos.

Vamos praticar: atenção plena nas solas dos pés

Tente fazer este exercício com ou sem sapatos, em diferentes superfícies – areia e grama são ideais, mas também é bom fazê-lo debaixo de sua mesa de trabalho. Feche os olhos para ter uma sensibilidade maior às sensações corporais, mas deixe-os abertos se sentir-se inseguro ou sentir tontura. Se seus olhos estiverem abertos, mantenha o olhar fixo e amplamente desfocado na área à sua frente.

1. Comece de pé na postura do tai chi, com seus pés voltados para a frente, os joelhos ligeiramente flexionados, a pélvis encaixada, braços relaxados e com o torso em uma postura alerta, porém relaxada (ver página 54).
2. Faça três respirações suaves e contínuas e a cada expiração deliberadamente leve sua atenção para as solas de seus pés. Você pode ter a sensação de que sua mente está "escorrendo" por seu corpo até seus pés. Estreite seu foco de atenção e explore as solas dos seus pés, focando nos pontos de pressão e nos lugares onde você pode sentir o peso do seu corpo em seus pés. Explore a ponta, o calcanhar, as laterais e o peito dos pés – um de cada vez ou dois ao mesmo tempo (experimente as duas formas). Note como está sua posição neste momento, sem fazer ajustes. O que você pode observar?
3. Transfira seu peso para a frente e para trás sobre as pontas de seus pés devagar, depois sobre seus calcanhares. Faça isso com o menor movimento possível de seu corpo. Imagine que um espectador mal perceba que você está se mexendo, mas você pode sentir a diferença nas sensações do seu corpo e dos seus pés. Preste muita atenção a quaisquer mudanças nas sensações em seus pés, enquanto transfere seu peso para a frente e para trás. Fique alerta a como as sensações se desdobram ao longo do tempo. Verificando o corpo, veja quais ajustes você pode fazer para encontrar mais conforto ou facilidade em sua postura.

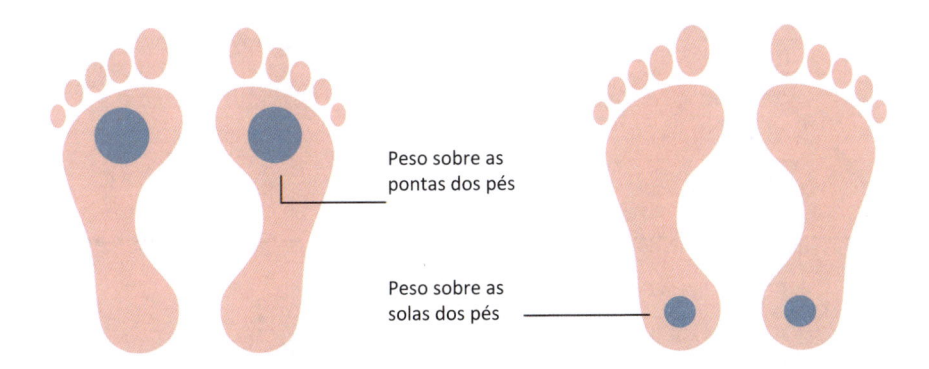

Peso sobre as pontas dos pés

Peso sobre as solas dos pés

Agora tente isto...

Uma variação do exercício é explorar o ritmo da distribuição de seu peso enquanto você anda ou corre. Ao dar um passo à frente, leve um microssegundo para se conscientizar de seu pé pairando acima do chão, antes de soltar seu peso sobre ele e tocar o solo. Note a forma como você executou o comando motor de colocar seu pé no chão e, conscientemente, inibiu a instrução. Praticando isso, você aumenta sua habilidade de inibir a ação nos níveis cognitivos e emocional. Observe também como você pode fracionar ainda mais os movimentos de sua perna e pés. Enquanto estiver andando ou correndo, tente conscientizar-se do impacto que o movimento e o controle pela parte anterior do quadril têm na colocação do pé no chão.

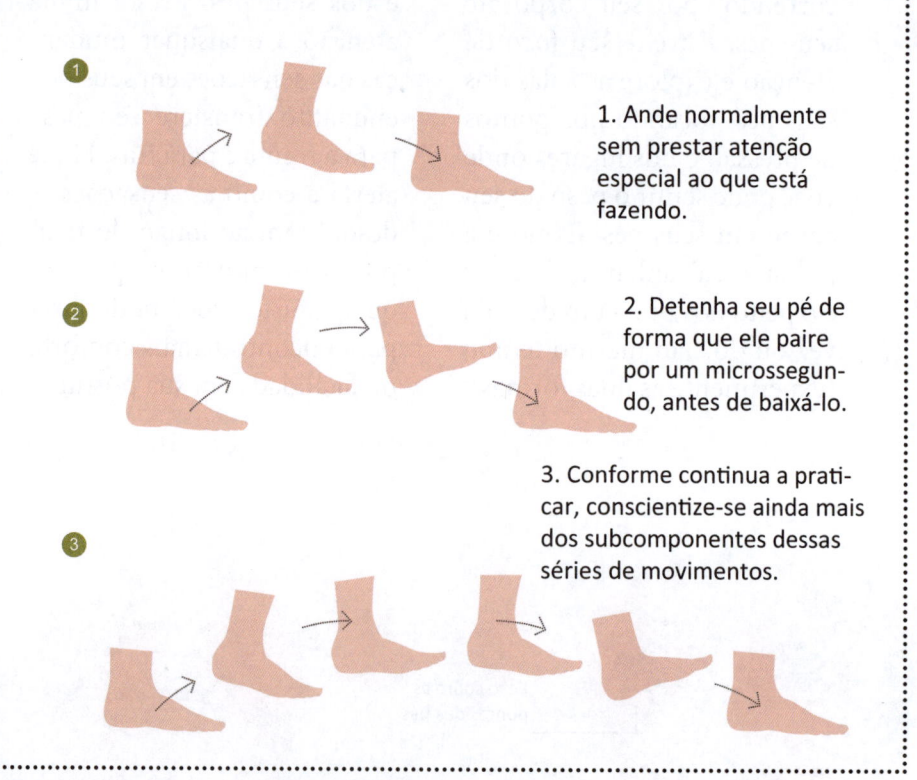

Saiba mais

1. Ande normalmente sem prestar atenção especial ao que está fazendo.

2. Detenha seu pé de forma que ele paire por um microssegundo, antes de baixá-lo.

3. Conforme continua a praticar, conscientize-se ainda mais dos subcomponentes dessas séries de movimentos.

Como superar o estresse

Quando você concentra sua mente no movimento e na pressão em seus pés, várias coisas acontecem. Primeiro, você transfere voluntariamente sua atenção para as sensações puras recebidas em seus pés, retomando o controle de sua mente para que suas emoções já não roubem mais sua atenção.

Segundo, você está prestando atenção em suas sensações corporais, o que o mantém no momento presente. Por fim, como resultado das duas coisas, você interrompe os padrões inúteis de pensamento que surgem quando fortes emoções negativas agitam-se dentro de você.

Sua prática de atenção plena também o encoraja a reconhecer e aceitar que você tem sensações negativas ou indesejadas – incluindo hábitos mentais e emoções puras – e a superá-las de forma que sua atenção esteja em outra coisa. Nesse caso, essa outra coisa são seus pés, que estão à sua disposição em todos os momentos de sua vida diária – seja para a prática formal, ou simplesmente ao correr para pegar um trem ou andar até a geladeira. Praticar um pouco por dia significa que terá confiança na aplicação dessas técnicas quando estiver sob pressão ou quando precisar delas de verdade.

Dê um passo vazio

Vamos tentar

No tai chi, transferir seu peso do pé esquerdo para o direito significa que você está deixando um pé "vazio" e o outro "cheio". Um passo vazio é aquele no qual seu pé parece estar pisando, mas sobre qual você ainda não soltou completamente o seu peso – talvez porque tenha deixado 60, 70, 80, 90 ou mesmo 100% do seu peso sobre o outro pé. O quanto de peso você coloca é menos importante do que saber e ser sensível às proporções sobre o esquerdo e o direito.

Tente fazer isso parado na fila do supermercado ou enquanto espera pelo ônibus. Mantendo os dois pés no chão, experimente colocar seu peso total sobre um pé e depois sobre o outro. Fique bem consciente de como o peso muda – onde e quando. Em seguida, altere as proporções (tanto quanto quiser).

O tai chi ensina que há nove pontos de contato completos e um ponto vazio no pé. Tente fazer o exercício da página 139 quando estiver descalço ou usando sapatilhas para artes marciais para ver se você detecta os nove pontos de contato assim que seu pé se apoia no chão.

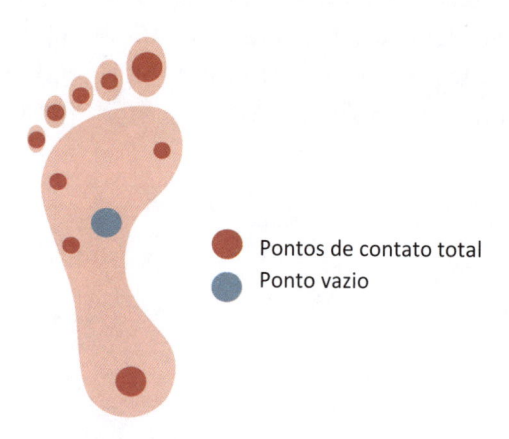

● Pontos de contato total
● Ponto vazio

Onde você está agora

O método BMT mostra como você pode usar o conhecimento sobre o cérebro para ajudá-lo a treinar mais eficazmente, respondendo ao feedback neural de partes específicas do corpo. A atenção é inestimável em muitas áreas da vida. Reconhecer como emoções fortes desviam sua atenção pode ajudá-lo a responder com habilidade às situações da vida em vez de reagir automaticamente. No próximo capítulo, usaremos sua atenção crescente para dar um close sobre os arraigados padrões de comportamento de uma vida inteira. Então você pode aprender como realmente "se soltar" experimentando um maior senso de espaço mental e liberdade.

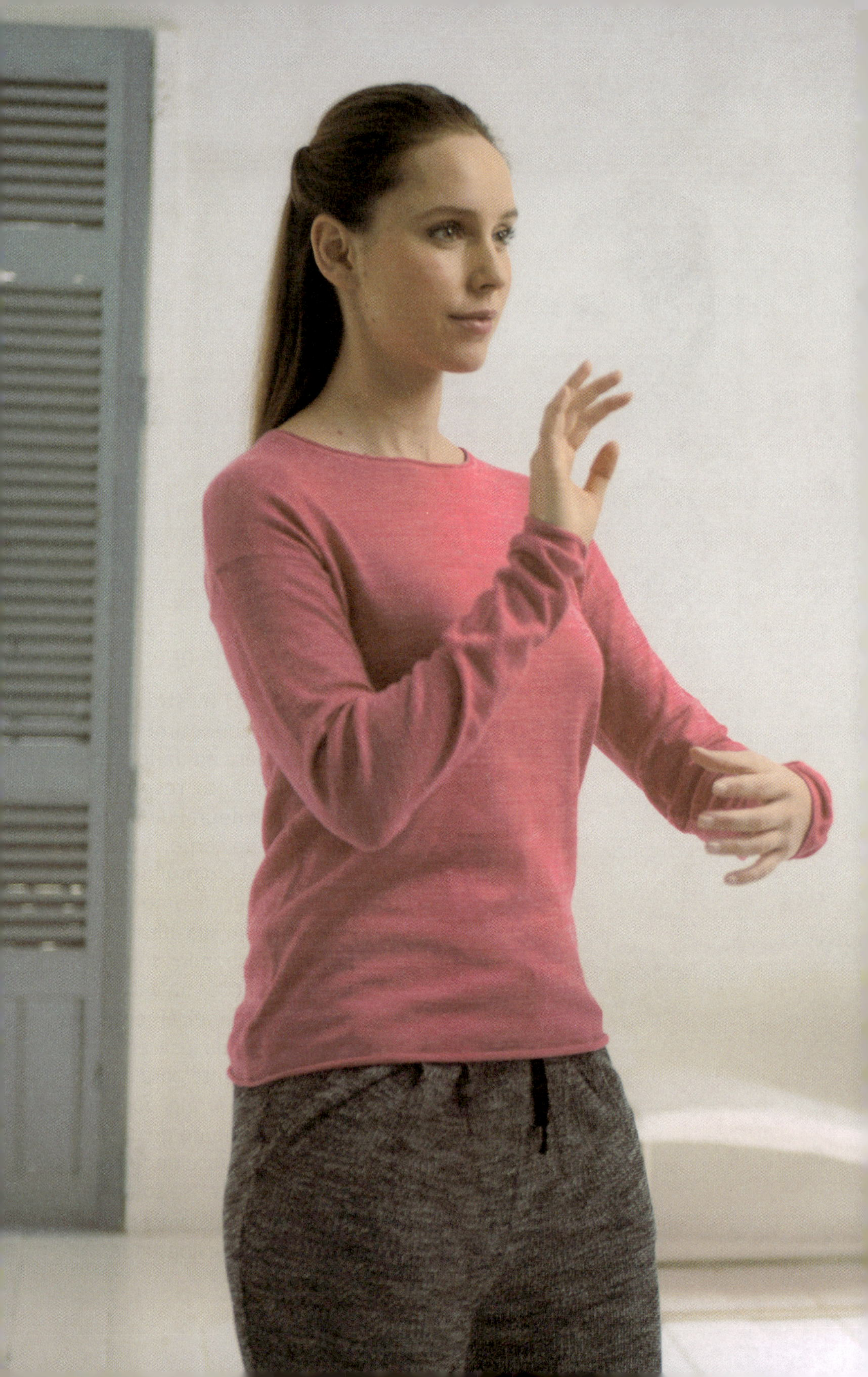

ns, é

Hábitos Mentais

5

Até agora, você experimentou a pausa e a formulação de suas intenções tanto formal (em sua prática) como informalmente (em seu cotidiano). Você provavelmente começará a notar o esforço e a dedicação de que precisa para se envolver com os "músculos" da atenção em seu cérebro. Você pode ter tido a maravilhosa comprovação de que, por causa de seu trabalho árduo, sua atenção está vagando menos. Você também pode ter ficado mais consciente das reações dolorosas, e notado a tendência de se afastar delas o mais rápido possível. Isso faz sentido em um prazo curto, mas pode ser prejudicial a longo prazo. Neste capítulo, nós vamos aprofundar um pouco mais os processos mentais que podem parecer que estão nos ajudando, mas que na verdade consomem sua energia. Você perceberá que evitar experiências negativas o impede, na verdade, de viver a vida ao máximo.

Mente errante

A mente divaga de maneira relativamente previsível durante a prática de atenção plena e no cotidiano, com ansiedade pelo futuro e refletindo sobre o passado. É muito mais fácil lidar com a ruminação mundana do que com nossas respostas mentais profundamente enraizadas.

Conforme praticava os exercícios, você pode ter notado a tendência de sua mente de ir para a frente e para trás no tempo. Pode ser que esteja pensando sobre algo que deverá fazer mais tarde ou indo de volta ao passado, remoendo sobre algo que aconteceu. Se estiver notando esses estados mentais, você está indo muito bem – está captando seus pensamentos assim que acontecem. Contudo, agora é hora de ir mais fundo e trabalhar mais duro para administrar sua mente errante.

Uma vez que tenha adquirido o hábito de detectar quando deixa de estar presente, você descobrirá que alguns tipos de mente errante são relativamente fáceis de administrar. Em outros momentos, contudo, você pode observar um vagar de mente muito rápido que o leva bem longe em sua cadeia de pensamento. Isso pode representar hábitos mentais profundamente arraigados que exigirão mais investigação e paciência. O vagar da mente é uma função natural do cérebro[73] mas, algumas vezes, pode ser altamente automático e inútil.[74] É aqui que o treinamento

---

73. Smallwood, J, Schooler, J W (2014). A ciência da mente divagante: navegando empiricamente no fluxo da consciência. *Annual Review of Psychology*, 66, 31.1-31.32.
74. Killingsworth, M A, Gilbert, D T (2010). Uma mente divagante é uma mente infeliz. *Science*, 330, 932.

da atenção plena pode de fato ajudar. Alguns hábitos mentais podem estar com você desde os tempos de sua infância, representando velhas formas de tentar lidar com situações emocionais que simplesmente não são mais úteis. Se esse for o caso, você precisará investigá-los mais de perto e com bondade.

Experimentar plenamente seus estados mentais desafiadores em sua mente-corpo permite que você consiga conhecer suas características por completo. Você vai aprender quando eles gostam de aparecer e ficar curioso quanto ao fato de onde eles se situam na sequência temporal de seus padrões mentais. Você pode se perguntar: "O que acontece exatamente antes de esse hábito ser disparado? E então, o que vem depois disso?". No Capítulo 2, você observou suas sensações corporais se desenrolando com o tempo; agora você vai fazer isso com seus pensamentos, sentimentos e memórias. Antes você deixou de anexar rótulos verbais e imagens aos seus pensamentos e sentimentos, mas o primeiro passo nesse processo é rotular rapidamente suas sensações (mental ou física) – tente o exercício oposto.

> **Vamos tentar**
>
> **Atenção plena ao som**
>
> Feche os olhos e defina sua intenção de ficar muito atento aos sons em todo o seu ambiente. Observe como sons diferentes atraem sua atenção para a esquerda, para a direita, para a frente e para trás. Preste atenção como sua mente se move – como ela pula rápido de um som para outro, como ela se move pelo espaço e como os sons disparam rótulos, imagens e linhas de pensamentos. Investigue realmente sem tentar controlar a experiência.

Vamos praticar: rotular as sensações mentais

Neste exercício, você vai usar sua respiração como foco de sua atenção. Quando rotular sensações, faça-o rapidamente – deixe seus rótulos inteligentes e confiáveis. Pratique por cinco minutos.

1. Sente-se confortavelmente e em silêncio, e respire três vezes. Defina sua intenção de prestar atenção às sensações físicas e mentais que entram em sua consciência a cada momento com cada uma das três respirações. Quando notar uma sensação em sua mente (como um pensamento, uma memória, ou uma imagem, por exemplo), dê-lhe um rótulo verbal bem rápido. Por exemplo, você pode rotular de "som" quando ouvir um ruído, ou de "pensamento futuro" quando notar que começou a pensar sobre os e-mails que precisa enviar depois da prática deste exercício. Imediatamente após rotular, volte à sua respiração.

2. O que você percebeu? Foi fácil ou difícil rotular rapidamente o fenômeno e, em seguida, voltar à sua respiração? Observe como você consegue rotular de uma forma mais ampla (por exemplo, "pensamento" ou "sensação corporal") ou com mais detalhes (por exemplo, "coceira", "formigamento" ou "planejamento futuro"). Você se atrapalhou tentando encontrar um rótulo? Tudo bem – apenas perceba isso por enquanto, aceite que haverá sensações que você perdeu enquanto tropeçava em outra, e saiba que a classificação fica mais fácil com a prática.

> **Agora tente isto...** *Saiba mais*
>
> Como uma variação, você poderia tentar usar seu corpo, ou parte dele, como âncora. Ou então poderia trabalhar sem âncora – mantendo sua atenção, a cada momento, focada em seus fenômenos mentais (pensamentos, memórias, imagens). Em qualquer variação, conforme surgem as sensações, dê-lhes um rótulo rápido antes de deixá-las ir e ver o que vem depois... e o que vem depois...

Como rotular sensações na mente e no corpo à medida que elas se desenvolvem com o tempo

Você pode rotular suas experiências usando termos gerais → "Sensação corporal" → "Pensamento" → "Som" →

Você também pode rotular suas experiências usando termos mais específicos → "Coceira" → "Planejamento" → "Lembranças" →

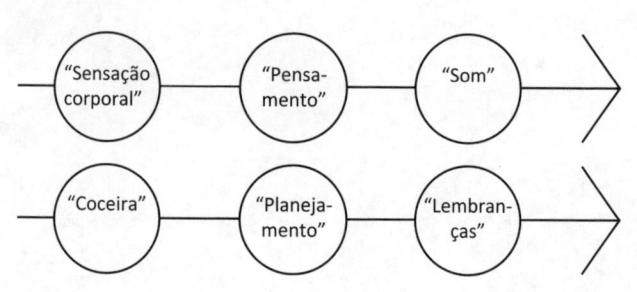

A prática

A observadora de pássaros

Uma amiga minha muito querida consegue identificar um pássaro pelo menor movimento. O processo pelo qual ela passou para se tornar uma especialista em observação de pássaros é semelhante ao que aspiramos em nosso treinamento de atenção plena. Nos estágios iniciais, ela via um pássaro, então se debruçava sobre um guia de pássaros, verificando as asas, o bico, a forma do corpo e o padrão de voo para identificar que ave era. Ela empregava toda a sua atenção e curiosidade enquanto verificava cada pequeno pássaro que via — esse foi o processo de aprendizagem. Com o desenvolvimento de sua habilidade, ela conseguia identificar o pássaro apenas por seu padrão de voo, não dependendo mais de um rótulo evidente. Assim como minha amiga finalmente aprendeu a identificar seus pássaros somente pelo movimento, assim é com a detecção de nossos hábitos mentais. No início, os movimentos em sua mente estão fora de sua consciência. O processo de identificá-los e rotulá-los verbalmente o ajuda a trazer esses padrões para sua consciência, para diferenciá-los e conhecê-los melhor. Uma vez que tenha desenvolvido essa habilidade de reconhecimento, você pode descartar o rótulo evidente e detectar hábitos com base apenas no movimento em sua mente. Quanto mais você praticar, mais aumentará sua velocidade em detectar esses movimentos.

Foco em si mesmo

Agora você tem as ferramentas para começar a estudar sua própria mente. Quanto mais informações você reunir sobre si mesmo, mais capaz será de identificar as reações em um estágio inicial e dessa forma escolher uma nova resposta, mais leve e menos emocional.

Para mim, a atenção plena é como um treinamento científico. Para nos investigarmos a fundo, precisamos adotar as qualidades de um bom cientista – alguém cuja abordagem para descobertas envolve ser observador, persistente e honesto (um bom detetive ou jornalista também são bons exemplos). Dessa forma, quais qualidades queremos desenvolver para nos entendermos?

Curiosidade – porque isso nos motiva a descobrir mais.

Observação profunda – porque precisamos estar preparados para olhar de novo e de novo.

Honestidade – porque aprender implica uma verdadeira reflexão sobre nós mesmos.

Não julgar – porque para ser honesto temos de aceitar o que vemos e não o que percebemos ou imaginamos ou desejamos que seja verdade.

Confiança – porque temos de acreditar no método e no processo de treinamento.

Uma mente de principiante – porque não podemos fazer julgamentos precipitados, a menos que analisemos nós mesmos com novos olhos.

Mentalidade aberta – porque podemos não gostar do que vamos descobrir, mas devemos aceitar mesmo assim.

<u>Quando você conseguir ver o que sua mente está fazendo, pensando, imaginando, você</u>

<u>se dará a escolha de responder de novas maneiras.</u>

Esse processo já tem lhe fornecido várias ferramentas – a habilidade de pausar, explorar sua intenção e focar sua atenção –, assim você pode colher dados sobre si mesmo. Ao testar repetidamente seu estado mental e sensações físicas, sob diferentes condições e ao longo do tempo, você desenvolve a capacidade de observar o que está realmente acontecendo em sua mente. Quando você pode ver o que a sua mente está fazendo, pensando, imaginando, se dá a escolha de responder de novas maneiras, em vez de repetir os mesmos padrões antigos. É aqui que começa a verdadeira liberdade – principalmente a liberdade das fortes emoções.

Como captar as emoções

A atenção plena nos dá uma oportunidade de envolvimento com os instantes em que nossas emoções ameaçam nos abater, porque nos permite descobrir o que está acontecendo no sistema mente-corpo logo antes de a emoção ser desencadeada, ou logo depois. A exploração consciente de suas próprias sensações o ensina a acolher suas respostas emocionais por nome e a rotulá-las – "Ah, aqui estão a raiva, o aperto, a constrição". Rotular verbalmente nossa experiência emocional é uma forma de "desacelerar" o cérebro, ativando o córtex pré-frontal ventrolateral direito (ver página 67), ajudando-nos a regular nossa experiência emocional.[75] Pesquisas em neurociência mostram que colocar sentimentos em palavras reduz a resposta do sistema límbico emocional e recruta um circuito no lobo frontal do cérebro.[76] Isso inclui o córtex pré-frontal ventrolateral, a região exigida quando rotulamos abertamente uma emoção. Ela funciona em conjunto com o córtex pré-frontal medial, ajudando-nos a moderar nossas reações emocionais. Simplificando, usamos o lobo frontal para se encarregar de nossas emoções. Fazer isso com atenção exige que sejamos complacentes em relação à emoção, dar-lhe espaço para ser vista e ouvida, mas

---

75. Lieberman, M (2009). O sistema de travamento do cérebro (e como "usar suas palavras" para acessá-lo). *Neuroleadersh Journal*, 9-14. Disponível em: <http://www.scn.ucla.edu/pdf/ Lieberman (In Press) Neuroleadership.pdf>.
76. Lieberman, M D, Eisenberger, N I, Crockett, M J, Tom, S M, Pfeifer, J H, Way, B M (2007). A expressão dos sentimentos em palavras. *Psychological Science,* 18, 421-428.

não deixar que assuma o controle. É mais responder do que reagir.

Como liberar energia cerebral

Imagine estar no meio do estouro de uma manada de antílopes. Barulho, cascos, suor, sujeira, medo – você está bem no meio disso, mas quer desesperadamente escapar. Você pode tentar assumir o controle da situação – lutar e abrir caminho até a beira da manada para controlá-la. Essa estratégia é possível, mas provavelmente será cansativa e não sustentável.

Com o ensinamento de recuar, para liberar o impulso de lutar e controlar, o treinamento da atenção plena lhe mostra como se soltar. Você aprende que tem a opção de ceder em vez de ir contra o estouro da manada. Quando você desiste da luta, não apenas reduz seu próprio estresse e frustração, mas também conserva valiosa energia cerebral. Esse é um princípio-chave do tai chi: ceder conserva energia e a torna mais efetiva.

O que o impede? *Pense nisto*

Perguntar-se repetidas vezes: "O que me impede de ter atenção plena?" pode lançar uma luz sobre o que e quando se desencadeiam seus hábitos mentais. Primeiro você deve explorar os fatores externos, sendo que os fatores tempo ou lugar são óbvios. Onde você está? Em casa ou no trabalho? Existe algum momento do dia em que sua mente divaga? Em seguida, examine fatores internos, como sentimentos de tédio ou medo.

Quando me faço essa pergunta, minha resposta costuma ser: "ensinar outras pessoas a ter atenção plena". Por muitas razões, percebo que, quanto mais eu ensino, menos pratico. Quando noto isso, sei que é hora de revisitar as intenções de minha própria prática. Lembre-se de que os momentos em que você está convencido de que não tem tempo para a prática são exatamente aqueles em que precisa pausar e transportar-se para dentro de seu corpo. Seu corpo está com você o tempo todo – então, na verdade, não há desculpa.

Com a prática da atenção plena, você consegue identificar a sequência mental de eventos que, a princípio, o joga para dentro do estouro da manada. No começo, você pode não ser sempre capaz de evitar o estouro dela, mas com o tempo vai ficar melhor em reconhecer padrões repetitivos de comportamento, e vai se pegar dizendo: "Oh, estou fazendo isso de novo?". À medida que você se dedica cada vez mais aos hábitos que quer mudar, pode parar de evitá-los e de lutar contra eles.

Movimento atento e hábitos mentais

A maneira como nos movemos fisicamente tem muito a nos ensinar sobre nossos padrões mentais, principalmente sobre como lidamos com a frustração.

Aprender novas sequências no tai chi é uma ótima maneira de descobrir mais sobre nossos hábitos mentais. Isso acontece porque, ao encararmos o desafio de completar uma nova sequência e talvez não a executarmos perfeitamente na primeira vez (ou nas primeiras vezes), podemos ficar frustrados, irritados ou com inveja (o que você sentiu quando fez os exercícios das páginas 128-135?). Essas reações nos ensinam a lidar com a adversidade em geral. Contudo, a frustração, em particular, é uma parte natural da experiência de aprendizado. Na atenção plena, o que importa é o que você faz com essa frustração. Você

Aprender novas sequências é uma jornada que inclui frustração, irritação, orgulho e prazer – todas essas reações nos ajudam a aprender mais sobre nós mesmos.

continua com ela? Ou a deixa ir? Consegue aprender mais sobre isso? Qual a sensação que ela causa em seu corpo? Onde mais essa emoção surge em sua vida?

À medida que você treina seu corpo, terá uma visão mais clara de seu perfil psicológico. Em minhas aulas de artes marciais, minha instrução para meus alunos é, primeiro, reconhecer claramente que a frustração está ali, então rotulá-la e explorá-la rapidamente, e depois deixá-la ir, finalmente reorientar a intenção e atenção no corpo. Se possível, acolha quaisquer sentimentos desagradáveis em você com um grande abraço, então no segundo seguinte torne a focar sua atenção na tarefa. Se trouxer consigo a frustração da última coisa que estava fazendo, você não conseguirá dedicar-se direito à tarefa atual – então sua frustração só pode aumentar. No exercício das páginas 156-157, você pode se concentrar nisso.

Vamos praticar: xícara de chá e pincel

Ensinei este exercício em muitos ambientes, de escritórios corporativos até salas desde emergência psiquiátrica. Ele requer que seus dois hemisférios cerebrais, esquerdo e direito, façam coisas diferentes ao mesmo tempo, então descobri que isso frequentemente gera frustração! Pratique-o com atenção para ver onde essa frustração surge em seu corpo e mente, por 5 a 10 minutos de cada vez. Lembre-se de que você precisa ir devagar (e depois 50% mais ainda!), e observe como os problemas mentais e o movimento físico se desenrolam ao longo do tempo. Fique atento à sua intenção de se mover, especialmente em torno dos pontos de transição, e concentre-se onde repousa sua atenção (e como ela fica distraída ao longo do caminho). O exercício sugere uma posição em pé, mas você poderá praticá-lo sentado, agora mesmo, se quiser.

1. Comece na posição em pé do tai chi (ver página 54). Relaxe os quadris e a lombar e abaixe os ombros. Para começar, faça três respirações suaves e contínuas, e a cada expiração estabeleça sua intenção e traga seu foco para o corpo.

2. Eleve sua mão direita na altura do ombro. Permaneça consciente de sua intenção viajando de seu cérebro para o braço

e inicie o movimento ascendente do braço esquerdo, com sua mão na posição de apanhar algo – como se estivesse pegando uma xícara de café para viagem. Essa é sua mão "xícara". Ao mesmo tempo, abaixe a mão direita, com a palma voltada para a frente, mantendo essa mão mais próxima de seu corpo. Essa é sua mão "pincel".

3. Suas mãos deverão passar uma pela outra, palmas voltadas uma para a outra, na altura do meio de seu peito.

4. Continue até que sua mão "xícara" chegue à altura do queixo e sua mão "pincel" chegue à altura do umbigo.

5. Agora sua mão "xícara" se torna a mão "pincel" e começa a fazer o caminho descendente, e a mão "pincel" se torna a mão "xícara" e começa a fazer o caminho ascendente. Mantenha sempre a mão "pincel" mais próxima de seu corpo.

6. Continue com essa sequência de movimentos. Note o que acontece na mente quando você tenta fazer algo novo – como sua mente reagiu ao desafio de aprender esse movimento? É uma reação que você observa em outros momentos de sua vida? Se você se sentiu frustrado, em que ponto isso começou a acontecer? Observe como você estreitou e ampliou sua atenção no movimento físico e como seu foco de atenção foi empregado pelos movimentos emocionais ou mentais.

Como encontrar e saudar os macacos mentais

Os "macacos mentais" são os estados de espírito incontroláveis que distraem nossa atenção, reduzem nosso potencial e, geralmente, impedem nosso progresso.

No treinamento de artes marciais, usamos o trabalho corporal para acessar nossos "macacos mentais". Esses estados mentais de distração e inibição frequentemente vêm à tona quando estamos aprendendo novas rotinas, ou quando estamos cansados, fartos, irritados e frustrados (geralmente com nós mesmos). No entanto, como todas as coisas na prática de artes marciais, esses macacos na verdade devem ser celebrados. Compreender e gerenciar suas características são a chave para atingir nosso potencial na vida.

Macacos são cheios de energia e curiosidade, mas nem sempre são habilidosos; às vezes eles podem até ser perversos e cruéis. Podemos aceitar essas características sem julgamentos? Não podemos culpar um macaco por ser atrevido – essa é sua natureza. Não podemos ficar irritados com os macacos, mesmo quando eles se comportam "mal" – é assim que eles são.

Sempre que me pego julgando minha experiência, visualizo uma determinada fotografia da cara de um macaco. (Você pode encontrar uma imagem de um macaco que possa usar como fundo de tela para lembrar dos hábitos de seus macacos mentais.) A foto me lembra que nossas mentes são como macacos atrevidos e que não devo ser rigorosa demais comigo mesma. Ela também traz um sorriso ao meu rosto – e humor é vital para a prática da atenção plena (afinal, a mente é um lugar bastante louco e ajuda se tivermos leveza ao nos envolvermos com ela). Durante a prática, não estamos tentando parar ou mesmo mudar os macacos, estamos aprendendo a nos envolver com eles.

Quais macacos moram com você?

No BMT, nós aprendemos a conhecer muito bem nossos macacos. Todos eles têm caráter próprio, mas vestem jaquetas um pouquinho diferentes. Aprendemos não apenas suas assinaturas mentais, mas também como eles se sentem em nossos corpos.[77] Adoro a descrição que a escritora Martine Batchelor faz desses diferentes macacos,[78] e eu adicionei algumas outras de minha própria autoria. Você pode muitas vezes identificá-los reconhecendo suas frases favoritas: "Se ao menos...", "Por quê?", "E se?".

O macaco que sonha acordado se perde no mundo da fantasia. Esse macaco cria alguns lugares adoráveis para a mente morar, tornando-os particularmente sedutores, mas seu mundo não é a realidade.

O macaco da repetição repete e repete o que vamos dizer, o que eles vão dizer, o que eles dirão, então o que diremos de volta... Esse macaco frequentemente aparece quando alguém disse ou fez algo que nos aborreceu. Em vez de lidar com sentimentos desagradáveis, esse macaco trabalha os ataques maliciosos ou as réplicas mordazes.

O macaco da mentira adora inventar histórias nas quais acabamos acreditando. É o macaco que diz "Se ao menos...". As mentiras provavelmente terminarão acreditando em suas próprias histórias, também.

O macaco do julgamento é descontrolado! Está em todo lugar e é supercrítico, julga tudo e todos... geralmente de forma negativa. O macaco do julgamento aparece tão de repente que nem sempre conseguimos detectá-lo. Ele não tem discernimento (que é uma forma de julgamento

---

77. Nummenmaa, L, Glerean, E, Hari, R, Hietanen, J K (2014). Mapas corporais das emoções. *Proceedings of the National Academy of Science U.S.A.*, 111, 646-651.
78. Batchelor, M (2007). *Let Go: A Buddhist Guide to Breaking Free of Habits*. Wisdom Publications.

fundamentado), mas tira conclusões precipitadas e imprecisas e nos deixa sentindo cansados e vazios.

O macaco da comparação gosta de verificar como estamos em comparação com todas as outras pessoas e em comparação a como estávamos antes, ou queremos estar no futuro. A cultura do consumismo explora esse macaco em especial. Em se tratando de nossas emoções, ele pode realmente nos causar problemas – as emoções são só nossas e manifestam-se na experiência daquele momento, portanto não podem ser comparadas com o passado ou projetadas no futuro, nem comparadas com as dos outros.

O macaco do planejamento adora organizar tudo até o último detalhe. Ele surge quando nos esgueiramos em algumas listas de "coisas a fazer" enquanto estamos praticando ou prestando atenção à nossa respiração. O macaco do planejamento entra em intensa atividade quando estamos ansiosos, tentando simular e planejar respostas para todos os diferentes cenários para recuperar a sensação de controle. Contudo, seus esforços são inúteis e acabamos exaustos, porque mesmo depois de todo o planejamento ainda existe a incerteza.

Macacos que medem e contam são os macacos "contadores de feijão" de nossa mente. Eles verificam nosso progresso em relação aos marcadores internos, para ver se demora muito para chegarmos "lá", mas vendo como não há um "lá", esses macacos são apenas um grande desperdício de energia mental.

Celebre seus macacos mentais *A prática*

Nas artes marciais, há um ditado que diz que os estudantes com o *yin* e *yang* mais equilibrados serão provavelmente problemáticos. Eles têm um talento natural e navegam pelas exigências físicas da aula, aprendendo facilmente as técnicas. Esses alunos não recebem o "dom" da prática difícil nem superam tantas barreiras psicológicas (macacos mentais) durante o treinamento. Então, celebre seus macacos – eles são seus melhores professores!

O macaco da "obrigação" nos diz o que "devemos" fazer, dizer, querer... Fique bem alerta sempre que um macaco da obrigação aparecer – esse "devemos" não existe e, frequentemente, o macaco da obrigação tem apenas críticas a fazer.

O macaco analítico adora embaralhar as coisas. Mantenha

rédea curta com esse macaco, especialmente se você for um acadêmico ou um terapeuta ou teve treinamento em qualquer outra forma analítica, porque ele vai infinitamente se prender a descobrir o porquê das coisas...

Ao trabalhar com seus macacos mentais, você vai precisar de paciência, gentileza, firmeza, disciplina e persistência – mas, acima de tudo, humor. Seu treinamento de atenção plena exigirá sua atenção e, usando as técnicas já aprendidas, você pode tentar manter esses macacos malcriados sob controle.

> Vamos tentar

Cruze seus braços

Cruze seus braços já. Agora "os inverta". O que você notou? Quando começamos a mudar hábitos, mesmo os hábitos físicos mais simples, percebemos que temos de despender esforço e usar toda a nossa atenção para fazer isso.

Em se tratando dos macacos mentais, é muito mais fácil continuar fazendo a mesma coisa, permitindo que os mesmos macacos ajam de seu jeito. Nós só podemos aquietá-los se dedicarmos nossa atenção à tarefa que estamos executando.

<u>Um novo hábito exige a criação de um novo caminho neural. Isso é árduo, lento e trabalhoso, e requer sua atenção total.</u>

A criação de novos hábitos

Assim como os movimentos automáticos que revelamos com atenção plena nos capítulos anteriores, existem hábitos mentais automáticos que você pratica repetidas vezes ao longo de sua vida. Como resultado, esses hábitos criaram redes neurais no cérebro que são suaves, velozes, rapidamente desencadeadas e executadas de forma automática. Em contrapartida, um novo hábito exige a criação de um novo caminho neural. Isso é árduo, lento e trabalhoso, e requer sua atenção total.

É possível que no início você possa desanimar quando vir o

> Em nossas vidas modernas tão ocupadas, dirigidas pela tecnologia que nos encoraja a agir sem pensar, é muito fácil ser levado pela superestradado hábito.

quanto esses hábitos influenciam seu comportamento. Vê-los pelo que eles realmente são é o primeiro passo para mudar um padrão. Os velhos hábitos mentais se tornam mais familiares quando você aprende a rotulá-los: "Ah, este é o planejamento", ou: "Sim, aqui eu vejo julgamento". Nesse ponto, uma postura não julgadora (mais informações sobre isso no próximo capítulo) é vital. Lembre-se, você ainda tem seus clichês de Aprendiz! Agora você está desenvolvendo sua experiência e aprimorando suas habilidades, e isso requer tempo, esforço e paciência. Seus antigos hábitos ainda continuarão aparecendo à medida que você os conhecer em seu corpo e mente. Tudo bem. A diferença agora é que você está ciente deles, também está interessado neles dessa nova posição como um observador ou um cientista, com a intenção de limpar a mente dos hábitos históricos consumidores de energia que não servem mais para você.

Conforme você faz a transição de ser governado por seus velhos hábitos para uma posição mais forte de atenção plena, provavelmente descobrirá que ainda há momentos em que se sente preso na superestrada do hábito. Com a prática, no entanto, você aprenderá a pegar cada vez menos rotas de saída até que um dia (às vezes muito repentinamente) notará que está na rampa, que vai fazer uma pausa – e então verá que poderá escolher um caminho diferente.

Hábitos mentais e o cérebro

Passar para a posição de escolha requer partes do cérebro que são diferentes daquelas que governam o hábito. Isso é particularmente importante quando estamos sobrecarregados pela emoção. Com a atenção plena, podemos observar o que está acontecendo sem ficar presos na experiência.

Antes do treinamento de atenção plena, nosso sistema límbico emocional pode tender a desencadear um motim, desviando nossa atenção e controlando nossos pensamentos. No entanto, após o treinamento nossas experiências podem ser mais fáceis de tolerar, e conseguiremos reconhecê-las em nossos corpos e entender mais sobre os hábitos e padrões que desencadeiam.

Um estudo sobre os efeitos de um programa de treinamento

Os círculos azuis mostram as regiões mediais do cérebro (porém, predominantemente no lado esquerdo) durante o modo reativo autorreferencial "é tudo sobre mim". Quando nos envolvemos no modo de observador, com atenção plena, essa atividade muda para uma região mais lateral do lobo frontal (pontos roxos).

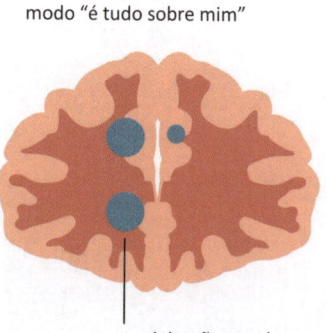

O cérebro quando está no modo "é tudo sobre mim"

Ativação nas duas regiões mediais do córtex pré-frontal

O cérebro depois da atenção plena

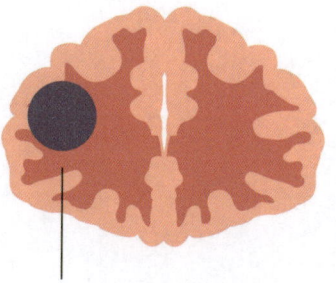

Ativação nas áreas mais laterais do lobo frontal

O Rio do Porquê

> **A prática**
>
> Ao completar seu treinamento, uma aluna observou que, embora fosse capaz de notar sensações corporais e ter a sensação de experimentar o corpo no momento presente, ela também percebeu que, embaixo de tudo isso, havia o contínuo fluir do "Rio do Porquê". Ela teve a percepção de que sua mente estava à mercê de um macaco analítico particularmente forte. Esse macaco bastante comum gosta muito de encontrar um "porquê" para todas as experiências. (Eu mesma tenho uma dose dupla desse macaco, tanto como acadêmica quanto como terapeuta!) É claro que o macaco analítico pode ser útil – se precisarmos resolver um problema, ele pode nos mostrar o caminho. Porém, quando estamos lidando com emoções fortes, esse é um macaco bem menos útil de se ter por perto. A aluna percebeu que, embora o curso tivesse terminado, o treinamento de atenção plena é um processo contínuo e que somente com mais prática seria realmente possível liberar completamente seus sentimentos sem ter de saber "por quê".

de oito semanas[79] mostra que, quando nos empenhamos com atenção plena, há uma mudança de utilização de nossa região pré-frontal medial cerebral (o córtex pré-frontal ventromedial usado para o processamento autorreferencial) para uma região mais lateral do córtex pré-frontal, que se encontra mais para a extremidade da cabeça. Essa região nos permite observar nossas reações, em vez de ficarmos presos a elas.

Depois do treinamento da atenção plena, também foram observadas mudanças na forma como essas regiões frontais

---

79. Farb, N, Segal, Z, Mayberg, H, Bean, J, Mckeon, D, Fatima, Z, Anderson, A K (2007). Preste atenção ao presente: a meditação mindfulness revela diferentes modos neurais de autorreferência. *Social Cognitive and Affective Neuroscience*, 2, 313-322.

do cérebro se unem às áreas cerebrais que codificam as sensações corporais das emoções (a ínsula.[80]) Antes desse treinamento, havia uma alta relação entre a ativação na ínsula e o córtex pré-frontal medial (o córtex pré-frontal ventromedial). Isso significa que assim que a emoção no corpo é processada pelo cérebro (na ínsula), ela fica intimamente ligada com a atividade no córtex pré-frontal medial. É quando o cérebro cria aqueles estados mentais nos quais não nos sentimos bem, estamos estressados ou apressados e bradamos: "É tudo sobre mim". Isso afeta negativamente nossa capacidade de empatia – quem quer saber sobre o término de relacionamento de um amigo quando está no meio de sua própria crise? Muitas vezes são os mais próximos de nós que estão na extremidade receptora desses estados cerebrais induzidos pelo estresse.

Após o programa de treinamento de atenção plena, o estudo mostrou que houve uma mudança na relação entre essas importantes regiões do cérebro.

---
80. Craig, A D (Bud) (2009). Momentos emocionais ao longo do tempo: uma possível base neural para a percepção do tempo na ínsula anterior. *Philosophical Transactions of the Royal Society B: Biological Sciences*, 364 (1525), 1933-1942.

Agora, em resposta às mesmas situações, a atividade na ínsula já não estava mais relacionada com a região medial, mas, em vez disso, estava coativa com a região mais lateral do córtex pré-frontal. Essa mudança representa como ainda podemos estar cientes de que sentimos uma forte emoção, mas ao mesmo tempo sermos capazes de observá-la, descrevê-la e rotulá-la de uma forma atenta no momento presente. Podemos experimentar a emoção, sem entrar nas histórias de "minha raiva" ou "minha dor". Já não é mais "é tudo sobre mim".

Quando notar o surgimento de um hábito ou emoção, aplique de forma deliberada seu "corpo na mente" e envolva-se com o sentimento. Lembra-se de toda aquela pausa e forma de entrar do corpo do Capítulo 2? Aquela foi sua preparação.

Cabeça *versus* coração

Na psicologia, a "defasagem cabeça-coração" acontece quando a cabeça entende por quê, mas o coração ainda não alcançou o sentido. Em outras palavras, continuamos a sentir as emoções sobre algo, mesmo quando nossos processos de pensamento resolveram o que causou as emoções, para começo de conversa. Você saberá o que é isso se já se viu dizendo: "Eu sei que não deveria estar mais me sentindo assim, mas ainda estou".

Esse é o momento de parar de usar a cabeça e ir diretamente para o seu corpo, investigar o que realmente está acontecendo, levando sua atenção exatamente para o caminho no qual sua emoção está se manifestando em seu corpo.[81]

Vamos praticar: como conectar música e emoção

Separe de 5 a 10 minutos para este exercício, e pratique-o em casa se puder. Seu objetivo é estar envolvido com seu corpo quando sentir uma emoção. Eu uso esse treinamento com professores de mindfulness e terapeutas, ajudando-os a compreender melhor a "assinatura corporal" de suas experiências emocionais.

1. Encontre uma música que realmente mexa com você. Pode ser uma música que faz seu coração "cantar" – dando a sensação de explosão, expansão e abertura. Ou você pode ter algumas músicas de "rompimento" que lembram um amor perdido. Ou pode tentar encontrar aquela música que seu vizinho sempre toca muito alto (e que deixa você furioso!).

2. Conforme toca a música, foque sua atenção em seu corpo, concentrando-se principalmente no torso. Encontre o lugar em seu corpo onde você experimenta uma mudança de sensação e envolva-se a cada instante com o movimento das sensações, da emoção.

3. Esteja atento para todas as maneiras que sua mente tenta afastá-lo de ou direcioná-lo para a emoção. Seja gentil consigo mesmo e permita que esse movimento aconteça sem julgamento ou sem tentar mudá-lo ou lutar contra ele.

Todos os pensamentos são iguais

A atenção plena lembra a você que pensamentos não são fatos, eles não são especiais, e nós somente os tornamos especiais pelo que fazemos com eles. No treinamento, nós tratamos todas as sensações – positivas ou negativas, agradáveis ou desagradáveis – da mesma forma.

---

81. Nummenmaa et al. (2014).

Apego: emoções positivas

O apego ou o vício em emoções positivas pode ser tão problemático quanto evitar as negativas. Em ambos os aspectos, estamos evitando as coisas como elas realmente são. Com apego, nós desejamos a emoção, a novidade e a adrenalina. É claro que na hora esses estados "positivos" não são sentidos como um problema – eles causam uma sensação boa e o sistema está feliz. Por que então vamos parar ou mudar? No entanto, as consequências da empolgação excessiva incluem a falta de discernimento, excesso de compromisso até chegar a um esgotamento no fim. Pense sobre quando você come muito açúcar – você adora, morre de vontade, sente prazer... e então se sente um pouco enjoado.

Aversão: emoções negativas ou desagradáveis

Apesar de ser relativamente fácil perceber claramente nossos hábitos mentais quando estamos em um estado relaxado da mente, as coisas ficam bem mais difíceis quando o sistema está carregado com emoções negativas. Então é surpreendente a rapidez com que nossa mente fica enredada com a experiência emocional e é infestada por macacos mentais que nos impedem de experimentar a emoção e deixá-la ir. Ela se torna "é tudo sobre mim".

Tudo de que você precisa para superar o apego ou a aversão é persistência e bondade, que levam sua mente diretamente para sua emoção.

Vamos praticar: segurar a bola

"Segurar a Bola" (também chamado de "Postura da Estaca") é um exercício clássico do chi kung, que explora, com seu corpo, os hábitos que se revelam quando você enfrenta desconfortos leves a moderados. É bem parecido com a forma com que você lida com o desconforto físico, sendo semelhante a como você responde ao desconforto mental.

Durante este exercício, faça de sua respiração o objeto de sua atenção. Inspire pelo nariz e expire pela boca, usando a intenção de dirigir a respiração ao longo dos dois braços até a ponta dos dedos. Não se esqueça de manter a respiração contínua – preste atenção e observe se você começa a prender sua respiração em algum ponto.

1. Comece na postura de pé do tai chi (ver página 54).

2. Posicione os braços como se estivesse segurando uma bola grande na frente do peito, como se estivesse abraçando uma árvore.
3. Eleve os braços aproximadamente até a altura do peito, com os dedos apontando uns para os outros. Com as palmas das mãos voltadas para seu peito, mantenha os cotovelos bem relaxados e apontados para o chão (para executar uma versão um pouco mais difícil, mantenha os cotovelos levemente flexionados e elevados, mantendo-os na linha de seus pulsos – tente as duas versões). Flexione os joelhos para se ajeitar na postura, encaixando a pélvis e esvaziando ligeiramente o peito.
4. Mantenha essa postura o máximo que puder – na primeira vez que for praticar, coloque como meta pelo menos três minutos. Fique atento ao que acontece quando você mantém seus braços ao redor de uma bola imaginária. Continue respirando.

Segurar a bola (continuação)

5. Nessa postura, veja se está franzindo a testa (se estiver, você provavelmente está forçando sua mente também). Relaxe seu rosto com atenção plena. Abra e feche os olhos. Você não precisa fazer esforço com seus olhos.

6. Permaneça na postura, ainda respirando, colocando a atenção nas partes específicas do corpo. Em seguida, amplie sua atenção para englobar o corpo todo. Leve sua mente para as solas dos pés. Sua atenção está no corpo ou em sua mente?

7. Continue mantendo a postura. Continue respirando. O que acontece quando você começa a sentir desconforto? Como sua mente e seu corpo interagem? Em determinado momento, seu corpo está em sua mente e você está observando as sensações e trabalhando com seu corpo, e no minuto seguinte sua mente pode vagar tanto para uma luta ou dúvida interior como para uma distração externa. Preste atenção a quaisquer pensamentos na sua mente que estejam relacionados com o movimento ou com a mudança de sua postura – tais como uma necessidade repentina de se coçar ou de transferir o peso. Quando terminarem os três minutos, ou antes se você precisar, relaxe sua postura.

8. Considere como você se sentiu durante este exercício. Você pode ter começado a notar cansaço e fadiga em seu corpo. Seus braços, ombros ou a parte superior de suas costas podem ter começado a doer. O que sua mente fez com essas sensações? Ela lutou contra elas? Como foi sentir em sua mente uma experiência direta de querer que as coisas fossem diferentes? Este exercício

Relaxe sua face atentamente

Leve sua atenção para baixo até as solas de seus pés

pode ajudá-lo a entender mais sobre os tipos de hábitos que aparecem quando acontece algo que você não quer, ou deseja que algo seja diferente. Você provavelmente encontrará esses hábitos o tempo todo em sua vida diária, então entender como se parecem no seu corpo é essencial para seu treinamento de atenção plena. Agora, quando captá-los, você poderá rotulá-los rapidamente, antes de pausar, indo para dentro de seu corpo e vendo qual é a reação.

Onde você está agora

Neste capítulo, você aprendeu a identificar e soltar alguns de seus mais persistentes e indisciplinados estados mentais (nós os chamamos de macacos mentais). Uma vez ou outra, esses hábitos mentais podem ter sido úteis para você, mas agora você sabe se colocar particularmente em guarda se os vir surgindo em resposta às emoções e pode escolher como quer responder a eles, em vez de reagir automaticamente. A partir dessa posição, você pode escolher criar hábitos mais saudáveis, mudando os caminhos neurais de seu cérebro para o bem, fazendo mudanças duradouras e positivas em sua vida.

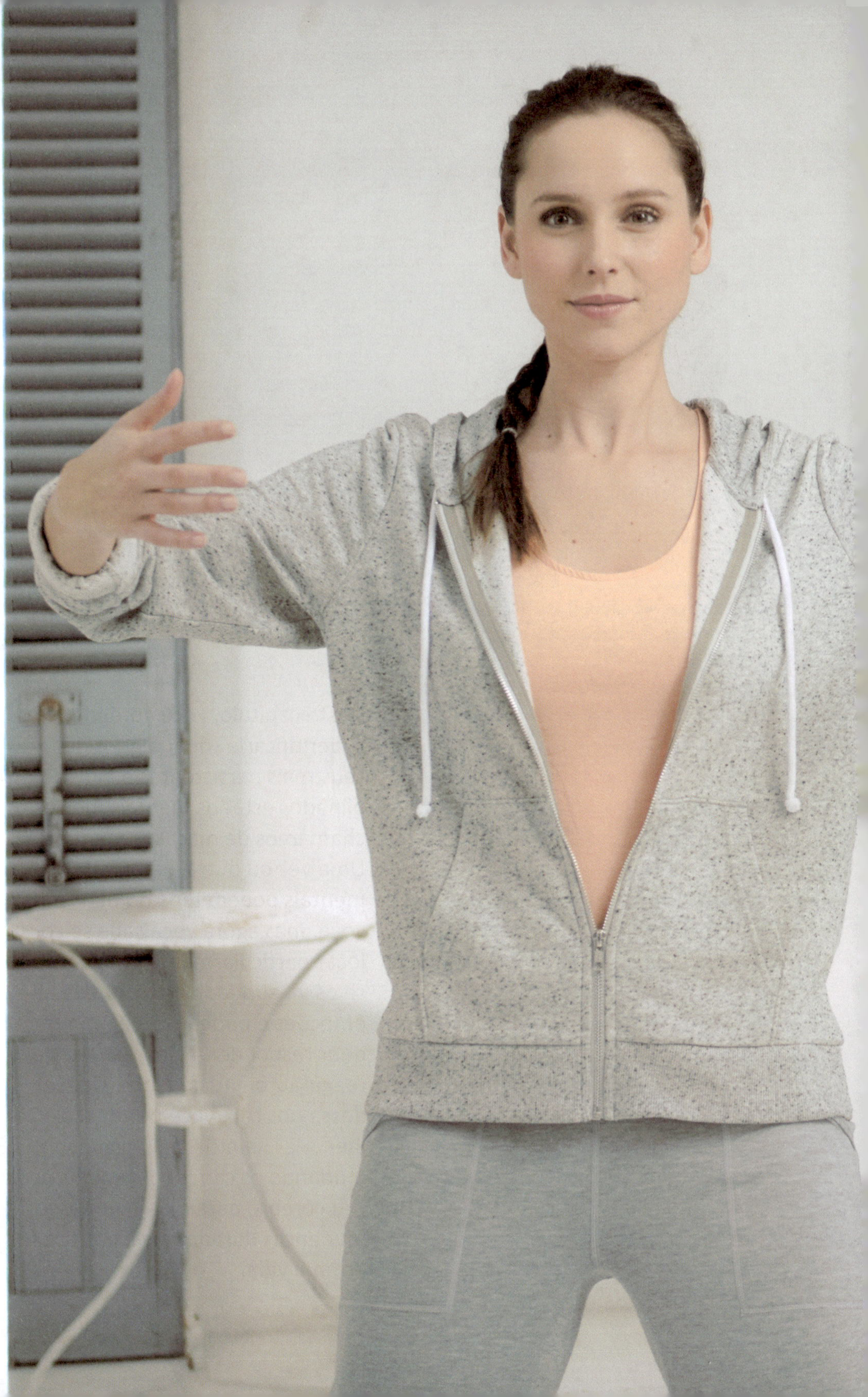

Compaixão

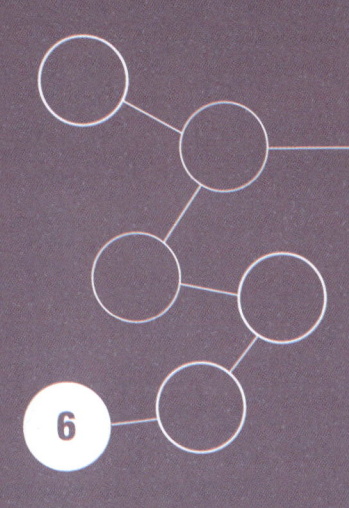

6

E assim chegamos ao cerne da questão. Depois de pausar, declarar nossas intenções e treinar nossa atenção, ganhamos alguma consciência de nossos macacos visitantes e hábitos mentais inúteis. E a cada vez que encontrarmos um pensamento, memória, imagem ou sensação corporal e conseguirmos acolhê-los com aceitação e um sorriso, antes de trazer nossa mente de volta ao momento presente, estaremos praticando autocompaixão.

A compaixão é um desejo de reduzir o sofrimento. Pesquisas demonstram que o treinamento de autocompaixão pode ter um efeito profundamente positivo em nossas vidas, ajudando-nos a construir hábitos mais estimulantes e mais sustentáveis. Demonstrar compaixão por nós mesmos nos ajuda a parar de desperdiçar a valiosa energia cerebral, lutando contra experiências mentais difíceis, e libera espaço em nossas mentes para atividades criativas e que melhoram a vida. Quanto mais formos autocompassivos, melhor nos sentiremos!

Como acolher as emoções

Cada vez que você se sente pronto para se engajar e abraçar experiências mentais ou físicas difíceis, está cuidando de suas emoções. Isso significa que você aceita tanto o bom quanto o ruim – acolhendo-os igualmente e de preferência com um sorriso.

O processo de nos voltarmos para as nossas próprias partes que são difíceis, dolorosas e até mesmo feias nos ajuda a desenvolver uma nova força interior, permitindo-nos sentir mais alegria e felicidade em nossas vidas. Nós não desperdiçamos mais energia cerebral preciosa tentando suprimir, negar ou evitar todos os pensamentos, sentimentos e emoções que rotulamos como negativos.

A pesquisa sobre os benefícios da atenção plena demonstra que melhoras no controle de depressão e ansiedade estão diretamente relacionadas ao aumento da autocompaixão.[82] O trabalho com profissionais da saúde também nos diz que a redução do estresse está relacionada ao aprendizado de sermos gentis com nós mesmos.[83] Esse processo de sermos gentis conosco nem sempre é fácil no começo – muitas vezes somos nossos críticos mais ferrenhos, nossos piores inimigos. No entanto, quanto mais você pratica o engajamento com todas as suas sensações e emoções, tanto

---

82. Van Dam, N T, Sheppard, S C, Forsyth, J P, Earleywine, M (2011). A autocompaixão é um melhor prognóstico do que a consciên-cia da gravidade dos sintomas e da qualidade de vida no misto ansiedade e depressão. *Journal of Anxiety Disorders*, 25 (1), 123-130.
83. Shapiro, S L, Brown, K W, Biegel, G M (2007). O ensino do autocuidado aos cuidadores: efeitos da redução de estresse baseada na atenção plena na saúde mental de terapeutas em treinamento. *Training and Education in Professional Psychology*, 1 (2), 105-115.

as boas quanto as más, mais fácil se torna a autocompaixão.

A autocompaixão economiza a energia cerebral

A luta mental sem fim é cansativa. Cada pensamento que você tem cria atividade elétrica e química em seu cérebro. E, embora seu cérebro responda por apenas 2% de seu peso corporal, ele consome 20% da sua energia total. Ficar ruminando pensamentos sem parar pode parecer uma forma de evitar ou de lutar contra experiências negativas ou difíceis, mas na verdade uma resposta mais eficaz é parar de fugir ou de lutar e voltar-se para aquilo que teme. Embora isso possa parecer uma sugestão maluca, encarar e aceitar seu medo significam que o medo e a negatividade começam a se dissipar. Então você pode começar de fato a liberar sua mente.

Criatividade como rota para autoaceitação — *Vamos tentar*

Uma forma pela qual podemos começar a explorar nossas emoções é por meio do engajamento com artes criativas. Arte, poesia, música e dança podem provocar emoções e reações diferentes dentro de nós, permitindo-nos observar partes de nós mesmos que normalmente não enxergamos. Esteja atento a como você responde a essas artes, consciente de como o corpo e a mente reagem a trabalhos de que você "gosta" e de que "não gosta". Permaneça curioso e não julgue (ou descubra aqueles macacos do julgamento o mais rapidamente possível). Em seu poema "A Casa de Hóspedes", o poeta sufi Rumi capta o hábito de enfrentar e aceitar nossas próprias partes desafiadoras para tirar força interior e alegria. Você encontrará esse e muitos outros poemas de atenção plena na internet.[84] Quais deles falam diretamente com você? Peça para alguém ler seus favoritos para você, assim pode ficar conectado à sua experiência corporal enquanto absorve as palavras.

Você também pode tentar escrever seus poemas para ajudá-lo a explorar suas paisagens mentais e físicas. O surgimento de poemas é, frequentemente, um efeito colateral do treinamento de atenção plena; os alunos tendem a escrever mais à medida que avançam em seus treinamentos.

---

84. Lista de poemas usados nas aulas de atenção plena disponível em: <https://health.ucsd.edu/specialties/mindfulness/resources/Pages/poetry.aspx>.

Recapitulação do treinamento cerebral

A prática

Com a prática, sua mente divagará menos e você ficará menos distraído pela tagarelice mental. Seu cérebro consumirá menos energia e você experimentará uma grande sensação de alívio e relaxamento no espaço da mente. Lembre-se, porém, de que para liberar essa energia você precisa se esforçar no treinamento regular de atenção plena. Somente assim terá habilidade no uso dos recursos de seu cérebro com maior eficiência. Quando perceber que sua mente está divagando no planejamento, análise ou julgamento (ou qualquer um de nossos macacos mentais, ver páginas 158-161), dedique-se com compaixão aos seus pensamentos, aceite-os e libere-os. Quando vejo minha própria mente se afastando do caminho, tento me lembrar dos "abraços grátis". Eles me ajudam a reconhecer o que está acontecendo em minha mente, acolher o que quer que esteja ali e em seguida, rapidamente, liberar sem me apegar de nenhuma forma. Então, volto às sensações puras de meu corpo. Quanto mais cedo percebo que minha mente está vagando, mais cedo posso dar meu abraço grátis e liberá-la, voltando para o "agora".

Na ilustração a seguir, as setas pretas mostram quanto se gasta da infinita energia cerebral do pensamento – preocupações, ruminações, tentativas. Com atenção plena, você pode chamar sua mente de volta para o "agora".

Traga a mente de volta

Os pontos negros indicam pensamentos ansiosos: o ponto vermelho (na figura 1) é o momento de atenção plena, trazendo a mente de volta para o "agora". Um momento de compaixão (corações, na figura 2) também nos traz de volta para "agora"; com o treinamento isso pode acontecer cada vez mais rapidamente no processo de ruminação de pensamentos.

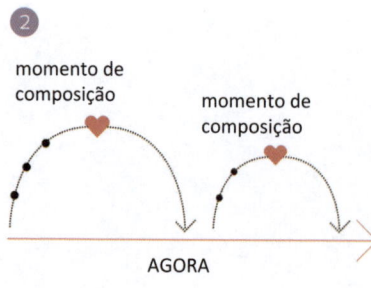

Neste capítulo, vou explorar mais detalhadamente a autocompaixão por meio de exercícios de BMT cuidadosamente preparados que o ajudarão a desenvolver sua capacidade de compaixão pela atenção plena do corpo. Com o treinamento, você conseguirá aumentar sua habilidade de permanecer com sensações mentais e corporais, uma parte crítica do processo de treinamento de compaixão. Você descobrirá como a rota para a compaixão começa com uma plena consciência da não compaixão, treinando para aceitar pensamentos difíceis e sentimentos antes de trazer a mente de volta para o momento presente. Você aprenderá como usar os recursos de energia de seu cérebro com mais eficiência, mudando de um modo padrão de retirada orientada pelo medo para uma atitude mais ampla, mais aberta em relação à vida e ao viver.

Como reconhecer pensamentos difíceis

Pode haver alguns pensamentos que você não está pronto para aceitar completamente – e é aí que começa o trabalho realmente interessante.

Imagino que até agora as coisas pareçam um pouco fáceis demais. Inevitavelmente, alguns estados físicos ou mentais parecerão muito difíceis ou dolorosos para se aprofundar neles, ou haverá alguns hábitos arraigados que estão com você por tantos anos que não é fácil desprender-se deles e aprender a se amar completamente.

Quando esses pensamentos mais persistentes aparecerem, você pode imaginar que seu instinto é ficar frustrado consigo mesmo e irritado com sua prática – afinal, se você está trabalhando duro para ficar atento, então como ainda pode cometer erros?

Esse é o macaco do julgamento surgindo com força total. Cuidado – muitas vezes esse macaco se manifesta e assume o comando tão rápido que você não consegue perceber sua chegada, permitindo que ele rapidamente escape de seu controle. Você até pode notar que está julgando o fato de estar julgando!

Quando notar um hábito que não consegue abandonar imediatamente, você ainda pode permanecer atento. Em vez de se sentir frustrado nesse instante, tente se sentir grato e inspirado por ter realmente reconhecido o hábito – isso é um sinal de progresso! É também uma grande oportunidade de pausar e ser gentil consigo mesmo. Seja paciente, faça o melhor para soltar qualquer julgamento secundário, e talvez se comprometa a trabalhar com o hábito primário quando estiver pronto.

Quando nos engajamos compassivamente com nossas emoções, o ímã da compaixão atrai seu oposto – tudo isso é não compaixão.

Em algum momento, com a prática, toda sua abordagem de vida pode se tornar mais compassiva. Você pode começar a notar como não está apenas respondendo a pensamentos e sentimentos compassivamente assim que eles surgem, mas está também vivendo um estado mental naturalmente mais compassivo.

Consciência de não compaixão

Você pode observar conforme faz esse treinamento que, a princípio, se torna mais consciente daqueles estados mentais que está realmente procurando abandonar. Da mesma forma, sua rota para compaixão, bondade e aceitação em geral surge inicialmente de uma crescente consciência dos tempos quando você não estava sendo bondoso consigo mesmo ou com os outros.

Apesar de não ser budista, ocasionalmente eu participo de retiros budistas e faço cursos para aprofundar minha prática de atenção plena. Houve um ano em que me inscrevi em um retiro de final de semana na Páscoa sobre compaixão, como um presente especial, um gesto de cuidado pessoal. O que eu realmente experimentei, contudo, me deixou completamente chocada. Durante o retiro me conscientizei das mais intensas, nítidas e violentas fantasias, e entre as sessões práticas tudo o que eu podia fazer era me enrolar feito uma bola e dormir.

Percebi que minha exaustão era o resultado de minha luta contra as partes de mim mesma com as quais eu não queria me envolver nem aceitar. Uma professora americana de meditação de insight (Vipassana), Andrea Fella,[85] cujo trabalho eu frequentemente utilizo, me ajudou a entender realmente o que havia acontecido ali. Ela descreve a compaixão como um ímã. Quando nos envolvemos compassivamente com nos-

---

85. Aula de Andrea Fella no Audio Dharma disponível em: <http://www.audiodharma.org/teacher/2/>.

sas emoções, o ímã da compaixão atrai seu oposto – tudo isso é não compaixão. E é com essas coisas que temos de trabalhar.

Esse é o desafio conforme nos aprofundamos mais na atenção plena. Ser compassivo e atento de todas as coisas boas é a parte fácil. É quando nos deparamos com as partes difíceis com bondade e aceitação (sem julgar) que podemos realmente progredir.

> Engajamento compassivo com as emoções, mesmo com as difíceis, é parte da prática budista.

Compaixão e coragem

Os budistas usam a frase "convide Mara para o chá"[86] para ilustrar a abertura diante da dificuldade. Os taoistas chamam isso de "pular para dentro da boca do dragão", o que captura a coragem necessária nesse processo. Encarar esses medos é o que nos libertará. Estou sempre grata por todos os clientes com quem trabalhei durante esses anos e que me inspiraram com sua tremenda coragem, à medida que trabalhavam com material emocional realmente difícil.

---

86. N.T.: Mara – o deus demônio que tentou Buda. Em vez de lutar contra ele, Buda reconheceu sua presença e convidou-o a sentar-se confortavelmente e a dividir uma xícara de chá.

Como criar espaço em sua mente

Quando consegue detectar e abandonar a divagação da mente com maior rapidez, você cria espaço em sua mente. As travessuras de seus macacos mentais já não consomem tanta energia, o que significa que você a tem em maior quantidade. Cultivar a aceitação é a chave para liberar essa energia para as coisas da vida que realmente importam.

Tentar fugir de experiências negativas nos leva a ciclos de reatividade (pensamento e luta). Quando isso acontece, todo o sistema mente-corpo se contrai. Esse foco estreito torna-se toda

Vamos tentar

Todos são bem-vindos!

Nos próximos 30 segundos, acolha *tudo* o que você notar em seu corpo e mente com total aceitação. Assim como um bom anfitrião, diga "entre", à medida que você reconhece cada experiência, mas lembre-se de que sua tarefa é permanecer na porta, dando as boas-vindas. Não seja flagrado batendo papo com alguém de que você goste!

Convidados para a festa: Pensamentos difíceis → Emoções fortes → Sensações corporais dolorosas → Macacos mentais → Convidados para a festa em nossa realidade, nós perdemos perspectiva e ficamos menos capazes de considerar o mundo à nossa volta. Este é seu cérebro no modo "tudo sobre mim" (ver página 164). Neste ponto você precisa reverter a constrição, abrir seu foco e criar mais espaço em sua mente.

No exercício "vai fundo" a seguir, você praticará a permanência com experiências difíceis e a observação de todos os truques que sua mente utiliza quando você tenta reverter a constrição mental. Essa perspectiva permitirá que você veja as coisas mais claramente. Lembre-se de que sua principal intenção é ser gentil consigo mesmo, não importa qual seja a experiência.

O ponto principal para lembrar aqui é que, quando aceitamos o que está acontecendo, deixando os julgamentos e esforços para administrar a experiência, nós economizamos energia cerebral. Apesar de parecer fácil, na prática pode ser mais um desafio. Também é importante lembrar que não estamos apenas aceitando passivamente as coisas que experimentamos. Nós as estamos aceitando prestando atenção, intencionalmente, e com o compromisso de crescer e de nos desenvolvermos.

Vamos praticar: crescendo e acolhendo

Este exercício funciona bem como parte de nossa prática regular, especialmente se você tiver uma questão recorrente que provoca emoções negativas. Do mesmo modo, se você estiver reagindo a um simples incidente (como uma mudança particularmente frustrante, ou quando está sob forte emoção durante uma discussão acalorada), isso proporciona uma oportunidade instantânea de aceitar as emoções que acontecem. Permaneça diretamente com suas sensações corporais durante todo o exercício. Os macacos mentais com certeza aparecerão, mas lembre-se de que eles são bem-vindos – apenas acolha-os para reduzir sua força e volte para as sensações puras de seu corpo. Lembre-se, você está aprendendo uma habilidade. Seja gentil consigo mesmo e comece primeiro com as sensações leves e moderadas, construindo sua confiança de forma que esteja pronto para usar a técnica durante os momentos de grande estresse. Pratique este exercício em um ambiente tranquilo inicialmente. No começo você mexerá seus braços, mas, assim que tiver realmente entendido o conceito de expansão de seu pensamento, pode usar pequenos movimentos com as mãos ou simplesmente realizar o movimento em sua mente. Os movimentos corporais representam o movimento que você está tentando fazer com sua mente. Elevação dos braços, para permitir o surgimento completo da emoção; abertura dos braços para criar o máximo de espaço para realmente sentir a emoção; e o fechamento dos braços no movimento de um abraço, indicando o desejo de acolher e abraçar sua experiência, não importa qual seja.

1. Comece na posição em pé do tai chi (ver página 54), conectando-se com as sensações puras de seu corpo. Lembre-se de uma situação um pouco complicada, que tem lhe preocupado (como lidar com um chefe difícil, por exemplo), uma situação que provoque um grau leve de reatividade emocional ou desconforto em seu corpo. Resista ao impulso de pegar a situação mais desafiadora de sua vida (mesmo que consiga lidar com ela).

2. Envolva-se com suas sensações corporais à medida que você, deliberadamente, gera pensamentos, imagens e memórias sobre a situação. Permaneça curioso sobre as sensações, ficando particularmente consciente de qualquer movimento na região de seu torso. Note como você divide sua atenção entre a geração do conteúdo e a observação da resposta corporal e mental a ele.

Foco na região do torso

Vá fundo (continuação)

3. Enquanto começa a elevar seus braços, use seu corpo para ajudar sua mente a entender o que você quer que ela faça – literalmente expandir, ir fundo, para se erguer tanto quanto for necessário.

4. Assim que permitir que o sentimento surja, comece gentilmente a abrir seus braços de forma que possa experimentar todo o sentimento sem reprimi-lo. Crie espaço para sua emoção abrindo bem os braços nas laterais. Ao fazer isso, contraia suas escápulas, abrindo seu peito.

5. Enquanto abre os braços, crie um grande espaço na mente ao redor da emoção. Esse espaço mental indica que você está querendo aceitar todas as emoções relacionadas à situação escolhida – nenhuma recebe tratamento preferencial, nenhuma é negada. Seu espaço mental está dizendo: "minha mente é grande o suficiente para abrigar todas, não tenha medo".

6. Dentro desse amplo movimento de braços abertos, você criou não apenas espaço para sua emoção, mas também para as sensações de seus pés no chão, as sensações de sua respiração, a sensação do sol em sua pele, as sensações de suas roupas. Todas elas estão lá, são bem-vindas, recebendo a mesma atenção.

7. Agora, inverta o movimento, trazendo os braços de volta, com os dedos apontados uns

para os outros. arredonde as costas levemente. Nesse movimento você está abraçando sua emoção difícil, trazendo-a para perto de você, aceitando-a genuinamente, abraçando-a e reconhecendo-a por completo.

8. Na expiração seguinte, fixe sua atenção em seu corpo e permita que seus braços voltem para a posição inicial. Repita todo o processo quantas vezes precisar para dar espaço suficiente para suas emoções se abrirem por completo. Pode levar de 5 a 10 repetições para você se sentir inteiramente à vontade. Faça uma pausa e descanse sua mente no corpo por um momento. Se necessário, você pode usar o exercício de Atenção Plena nas Solas dos Pés (ver página 138-139) para se estabilizar.

> **Níveis mais profundos de prática** — Vá além
>
> O ego (ou o eu) e os hábitos que ele desenvolveu para se proteger podem causar uma reação forte quando começamos a administrá-los de forma diferente. Se tivermos um desejo genuíno de nos conectarmos a um aspecto mais profundo, mais espiritual do eu, então não há alternativa a não ser passar pelas fortes reações do ego. Ir além do ego nos revela nossa conexão com todas as coisas vivas. Com a prática prolongada, você pode experimentar um estado de mente chamado de *ru ding* ou "medo da morte do ego".[87] O mestre taoista Bruce Frantzis o descreve como um "medo amorfo, não específico (que) paralisa você até o centro de seu ser, permeando todas as células de seu corpo e todas as células de sua mente". Não entre em pânico, você vai sobreviver!

---

87. Frantzis, B K (2001). *Realixing into your Being: Breathing, Chi and Dissolving the Ego. The Water Method of Taoist Meditation (Volume 1)*. North Atlantic Books, 170.

Compaixão na cultura

A atenção plena no movimento ajuda você a praticar compaixão em sua vida diária. Levar atenção para seu corpo, mente, emoções e reações reverte os efeitos prejudiciais de nossos modos de vida geralmente despersonalizados, altamente distrativos e orientados para tecnologia.

Compaixão -- para consigo mesmo e para com os outros – é o ponto central de práticas orientais tradicionais como o tai chi e o chi kung, mas as condições do mundo moderno parecem otimizar os estados de não compaixão da mente. No tai chi, a frase *wu wei*

A prática

Autocompaixão é contagiante

Uma enfermeira que participou de um curso de BMT estabeleceu a ampla intenção de ser mais bondosa consigo mesma durante seu trabalho diário. Ela costumava pular o almoço (mesmo em um turno longo), priorizando o trabalho burocrático e as necessidades dos pacientes acima de suas próprias, mas dessa vez ela decidiu fazer uma pausa e ter tempo para comer. Esse pequeno ato de autocompaixão, apenas 15 minutos de folga no dia para si mesma, teve um imenso impacto no resto de seu dia. Depois de se valorizar dessa forma tão pequena, ela conseguiu se conectar com os outros com abertura e envolvimento, o que significou que ela trabalhou com mais eficiência. Não somente isso, houve um efeito cascata entre seus colegas. Outras pessoas da equipe ficaram curiosas sobre essa "rebelde" que, contra a cultura prevalecente, estava mostrando cuidado consigo mesma. Isso lhes deu coragem para pensar que também mereciam parar e comer.

descreve um tipo de não ação que por si só é uma ação; é o fazer dentro do não fazer. É a isso que aspiramos quando nos deparamos com situações difíceis. O não fazer envolve um engajamento honesto com nossos próprios sentimentos, sejam eles quais forem, naquele momento, e uma atenção profunda em nosso corpo. Não é um ato de bondade para conosco, mas a forma de nos conectarmos genuinamente com os outros.

Esse elemento contagioso de atenção plena é importante. O que os outros veem os deixa curiosos, ajuda-os a avaliar seus próprios corpos e mentes, e lhes dá coragem de tentar algo diferente, também. Eu vejo esse contágio muitas vezes quando estou dando aulas em espaços abertos em Londres. As pessoas param para observar meus alunos enquanto eles caminham com atenção plena ou se envolvem com a natureza, e isso os deixa maravilhados com o que eles estão fazendo (e geralmente os imitam).

Compaixão em um mundo moderno

Vivemos em um mundo dominado por medo e incerteza. Desde que me livrei de minha televisão, estou mais alerta à rapidez com que essas emoções surgem em mim. Agora, quando me pego assistindo ao noticiário, fico intensamente consciente das mudanças em meu corpo – uma pressão ou tensão, um aumento em meu ritmo cardíaco e um sentimento de inquietação. O comprometimento contínuo com (e a supressão de) estressores de baixo nível, porém crônicos, como esses entorpece nossa sensibilidade emocional. Não percebi o impacto que isso causava em meu estado emocional até parar de ver os noticiários. Pense em nossos jovens, crescendo com os comentários sem fim sobre crise financeira, oportunidades limitadas de emprego e aquecimento global.

Uma maneira de lidar com todo esse medo é desconectar do corpo, ignorar ou afastar-se dos sentimentos assim que eles surgirem dentro de nós. Estudos mostram que uma consequência dessa atitude é o aumento das taxas de vício e problemas de saúde mental na infância. (Treinar nossos jovens para compaixão e atenção plena do corpo é uma prioridade urgente.)

No mundo moderno, nós também estamos mais suscetíveis aos problemas musculoesqueléticos provenientes do trabalho com laptops, celulares, tablets e inúmeros outros dispositivos móveis. Nessas condições, nossos corpos sofrem com a tensão de posições desconfortáveis e a constante agitação mental. Eles podem gritar de dor, mas para continuar, para seguir adiante, nós ignoramos os gritos.

Ignorar o corpo não é ruim apenas para nossa saúde mental e física, mas também reduz fundamentalmente nossa habilidade de nos conectarmos com os outros. Se não podemos reconhecer nossa própria dor, como podemos ter espaço em nossas vidas para reconhecer a dor dos outros?

Assim como eu — *Vamos tentar*

Imite alguém andando pela rua, como fez no exercício do Capítulo 3 (ver página 89). Ao fazer isso, permaneça conectado com seu corpo e mente, e sempre que notar o surgimento de um pensamento, imagem ou sensação, diga a si mesmo: "Assim como eu, talvez essa pessoa tenha sentido dor", ou "Assim como eu, essa pessoa talvez tenha ouvido o barulho do ônibus", ou "Exatamente como eu, essa pessoal talvez tenha sentido raiva, solidão, tédio" e assim por diante. Seja lá o que você sentir ou experimentar enquanto imita o andar da pessoa, imagine que o indivíduo que você imita sente ou experimenta "assim como você".

O exercício serve para nos lembrar de que todas as pessoas têm sentimentos, emoções e dor física, que poderiam agir de maneira desastrada – assim como você ou eu o fazemos. Só isso já nos ajuda a nos conectarmos com nossos poderes de empatia – de sentir compaixão.

Precisamos encontrar tempo em nossas agendas lotadas para sermos bondosos para conosco, para nos reconectarmos com nossos corpos e com a natureza.

Compaixão no cérebro

Para desenvolver a compaixão, devemos nos comprometer com nossa própria vida emocional com nossos corpos. Se você mantiver seu corpo na mente, e aprender sobre aquelas regiões do cérebro que codificam seu movimento e suas emoções, estará no caminho certo.

No último tópico, você aprendeu como se colocar no lugar do outro, imitando o andar de uma pessoa. Para desenvolver compaixão é vital experimentar com o corpo toda a amplitude de nossa vida emocional. Isso nos ajudará a compreender diretamente que sentimos o mesmo que os demais. Estudos de imagens do cérebro

Efeitos do treinamento mental compassivo

O córtex somatossensorial processa todas as sensações do corpo; essa região é dedicada mais às mãos e ao rosto do que a qualquer outra parte do corpo (ver página 116). O córtex da ínsula direita processa os sentidos levemente mais abstratos das emoções que se movem pelo corpo. Na pesquisa realizada com monges especializados em meditação compassiva, descobriu-se que neles ambas as regiões são mais ativas.

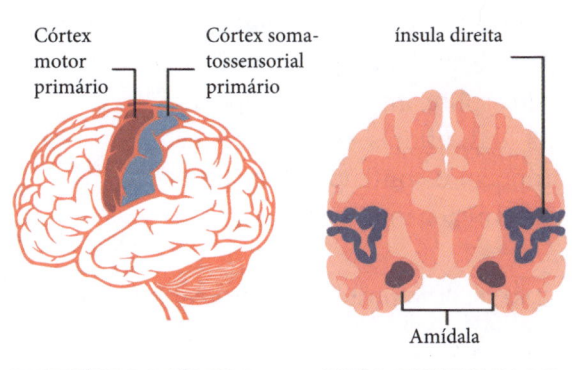

Córtex motor primário
Córtex somatossensorial primário
Ínsula direita
Amídala

SUPERFÍCIE DO CÉREBRO

VISÃO SECCIONADA DO CÉREBRO

com monges especializados em meditação compassiva revelam que os seres humanos não usam seus sofisticados lobos frontais – as regiões do pensamento, planejamento e análise do cérebro – para gerar compaixão.[88] Quando provocados para experimentar emoções, os monges demonstraram maior atividade na ínsula anterior direita e no córtex somatossensorial. Essas descobertas sugerem que pode haver maior sensitividade, especificidade e sutileza na consciência dos estados emocionais e corporais com um treinamento mental compassivo. Essas são as regiões relacionadas ao processamento de sinais do corpo – exatamente as áreas que trabalhamos no BMT.

No capítulo anterior conhecemos a ínsula, onde as conexões entre essa estrutura e diferentes partes do córtex frontal determinaram se a emoção que sentimos é uma experiência opressiva do "tudo sobre mim", ou apenas uma das muitas sensações que compõem o conteúdo do cenário mental a cada momento. Essa área densamente conectada está envolvida com muitas outras tarefas e está ligada aos córtices motor e somatossensorial, a várias partes dos lobos frontal e temporal e a outras regiões cerebrais. Quando treinamos com atenção plena, o tamanho dessa estrutura aumenta (principalmente no lado direito do cérebro)[89] – a atenção plena literalmente aumenta bastante essa parte do cérebro.

A ínsula (e também o córtex cingulado anterior – uma parte de nossa rede de atenção, veja página 111) é também local de alguns de nossos neurônios especiais chamados de neurônios Von Economo.[90] O tamanho e o formato desses neurônios sugerem que sua função é enviar sinais elétricos rapidamente a longas distâncias, coordenando emoção, ação e consciência. Eles têm um papel importante em situações socialmente relevantes, incluindo o processamento de

---

88. Lutz, A, Brefczynski-Lewis, J, Johnstone, T, Davidson, R J (2008). Regulação do circuito neural da emoção pela meditação compassiva: efeitos da experiência meditativa. *Public Library of Science One*, 3, 1-10.

89. Luders, E, Kurth, F, Mayer, E A, Toga, A W, Narr, K L, Gaser, C (2012). A anatomia cerebral única dos praticantes de meditação: alterações na girificação cortical. *Frontiers in Human Neuroscience*, 6, 1-9.

90. Allman, J M, Tetreault, N A, Hakeem, A Y, Manaye, K F, Semendeferi, K, Erwin, J M, Park, S, Virginie, G, Hof, P R (2011). Os neurônios Von Economo no córtex fronto insular e no córtex cingulado anterior. *Annals of the New York Academy of Sciences*, 1225, 59-71.

emoções positivas e negativas, e empatia. Eles são encontrados nos humanos e nos grandes símios, e, intrigantemente, também em elefantes e baleias – duas espécies conhecidas por suas estruturas sociais altamente sofisticadas (mesmo que pouco compreendidas) e vidas emocionais complexas.

Os neurônios Von Economo são mais proeminentes no lado direito do cérebro e relacionam-se à nossa habilidade de exercer controle de esforço de atenção mesmo diante de fortes emoções. Isso está no cerne do treinamento de atenção plena.

Liberte seu hemisfério direito

Lutar com suas emoções consome energia valiosa no hemisfério direito de nosso cérebro. O lado direito é nosso bilhete de sobrevivência, já que nos envolve em atividades que podem nos livrar rapidamente do perigo – precisamos disso se um tigre estiver pronto para nos atacar, mas é redundante se nossa ansiedade for desencadeada por coisas como medo de rejeição, julgamento, incerteza ou outros temores socialmente condicionados que não nos ferirão fisicamente.

A atividade no hemisfério cerebral direito é associada a excitação, aversão, anulação e emoções de orientação individual (sobrevivência). Mas o que pode ocorrer se abraçarmos e nos envolvermos com essas emoções? O que acontece quando enfrentamos nossos medos e não gastamos mais energia do hemisfério cerebral direito ao lidar com eles? Uma sugestão é que isso pode liberar outras funções do hemisfério direito, que incluem o envolvimento com o mundo com maior abertura para o que ali estiver, sem nenhuma necessidade de conhecer o resultado, apoiando assim a criatividade e a inovação.[91] Lembre-se de que também podemos acessar esse estado de espírito por meio do envolvimento deliberado com artes criativas (ver página 176).

Com o treinamento da atenção plena, nós aprendemos a nos envolver com todas as nossas experiências, aumentando nossa capacidade de nos sentirmos positivos e compassivos por mais tempo.

---

91. Ver palestra RSA sobre a diferença de processamento nos hemisférios direito e esquerdo do cérebro disponível em: <www.ted.com/talks/iain_mcgilchrist_the_divided_brain>.
McGilchrist, I (2012). *The Master and His Emissary: the Divided Brain and the Making of the Western World.* Yale University Press; 2. ed.

Bondade amorosa

Agora chegamos ao auge do seu treinamento. A bondade amorosa é justamente um dos quatro treinamentos de meditação compassiva do budismo. Conhecidos coletivamente como os Quatro Pensamentos Imensuráveis, eles compreendem equanimidade, alegria empática, bondade amorosa e compaixão. Quando treinamos em bondade amorosa, aumentamos a rede de compaixão no cérebro. O exercício de bondade amorosa a seguir pede que você pense em um ente querido para gerar deliberadamente sensações corporais e, então, direcionar essas sensações para criar um desejo profundo e sincero, e desejar que todos os seres sejam livres do sofrimento.

Vamos praticar: bondade amorosa

O exercício combina tanto a bondade amorosa (um desejo de que você e os outros sejam felizes) como também compaixão (um desejo de diminuição do sofrimento). Pratique-o com atenção especial às sensações puras do corpo – o que permite que você realmente experimente o desejo sincero em seu corpo. Enquanto estiver aprendendo, pratique em um lugar tranquilo. Depois, à medida que se tornar mais experiente, pratique quando estiver em atividade, a qualquer hora e em qualquer lugar. O exercício lhe dará uma sensação de como seu corpo se envolve ou se desprende com compaixão. Pratique-o com frequência, pois sua experiência será diferente a cada vez que o fizer. Você não precisa trabalhar sempre com as mesmas pessoas (ver a seguir), mas ser consistente enquanto ainda está aprendendo pode ajudar. Pense em si mesmo como um cientista. Isso ajuda a ter algum método em suas explorações.

Respostas comuns

As pessoas conectam-se com o exercício de Bondade Amorosa de formas bem diferentes. Alguns lutam para ter qualquer tipo de sentimento. Se você for assim, tudo bem – apenas continue praticando, certificando-se de acolher quaisquer julgamentos, tais como "não consigo fazer isso" ou "não sou bom o suficiente", e acima de tudo, mantenha sua curiosidade.

Alguns se surpreendem com a força de seus sentimentos tanto para com a pessoa querida como para com a pessoa difícil de lidar. No Nível 3 (sua pessoa difícil), você pode achar doloroso expor-se de verdade e abrir espaço para seus sentimentos. Você pode até chorar. Seja bondoso consigo mesmo e aceite toda a sua experiência. A frase "isso também vai passar" ou lembrar-se de "ir fundo" (ver página 184) podem ser úteis nesse momento.

1. Sente-se confortavelmente em um lugar onde não será perturbado. Lembre-se de alguém de sua vida que o faça sorrir, ou de um bichinho de estimação querido. Pensar nessa pessoa (ou animalzinho) cria um sentimento caloroso em seu torso. Use a atenção plena no rosto e no corpo para se conectar com as sensações. Sinta seu torso (e a região do coração). Leve atenção para suas mãos e rosto.

2. Tente deixar a imagem que você tem dessa pessoa (ou animalzinho) mais "nítida", com detalhes como a voz deles, seu cheiro, os lugares onde os viu. Fique atento a quaisquer sensações em seu torso enquanto se lembra dessas memórias e aumenta a nitidez dessas experiências mentais.

3. Permaneça com seus sentimentos – esforce-se para "aumentar o volume" e manter seu senso de amor, bondade, cordialidade – quaisquer emoções positivas que estiver sentindo neste momento em seu corpo. (Cuidado para não se perder em imagens e em memórias – você está usando-as apenas como ferramentas para gerar sensação corporal. Nessa prática, você pode se conscientizar de que está mudando a atenção entre cabeça e coração. Está tudo bem por enquanto.)

> **Níveis de compaixão**
>
> No BMT, nós damos um "nível" para cada categoria de pessoas nesse exercício. Estes são os níveis que usamos:
>
> Nível 1 – alguém que faz você sorrir
> Nível 2 – alguém neutro
> Nível 3 – alguém difícil de lidar
> Nível 4 – você mesmo
> Nível 5 – todos nos níveis 1-4

4. Mantendo em mente a imagem da pessoa escolhida e permanecendo diretamente conectado com suas sensações corporais, repita mentalmente as seguintes frases três vezes (ou construa seu próprio desejo):

**Que você esteja a salvo e protegido
Que você seja saudável
Que você viva em paz e com bondade**

5. Agora comece a pensar em uma pessoa neutra. É alguém que você pode ver todos os dias, mas não conhece pessoalmente; alguém cuja imagem você pode gerar de forma confiável, mas com quem não tem uma ligação emocional forte (o comerciante local é um bom exemplo). Repita os passos 1 a 4.

6. Repita os passos 1 a 4, mas dessa vez com alguém em sua vida com quem tenha problemas, como um colega de trabalho desafiador ou alguém que o tenha criticado ou aborrecido recentemente. Preste atenção às sensações em suas mãos e rosto, onde podem surgir aspectos mais sutis de nosso estado emocional.

7. Repita novamente os passos 1 a 4, dessa vez para si mesmo. Fique atento aos movimentos mentais (tais como um cansaço repentino, tédio ou desligamento) e renove sua intenção de permanecer diretamente com suas sensações corporais.

8. Por fim, amplie o círculo de compaixão e repita os passos 1 a 4 incluindo todos que escolheu. "Assim como eu", todos eles têm desejo de serem felizes e livres de sofrimento.

9. Agora considere suas respostas neste exercício. Como se alteraram (ou não) as sensações em seu corpo quando você mudou da pessoa que o faz sorrir para a pessoa neutra? O que foi igual ou diferente em suas respostas mentais e físicas quando você mudou de nível (veja tabela na página anterior)? O que você notou sobre a forma como selecionou os indivíduos para cada nível? Apareceu algum macaco mental quando se confrontou com a pessoa difícil ou consigo mesmo? O que aconteceu com sua mente quando você se voltou para si? O que aconteceu quando juntou todos?

> **Vá além**
>
> **Seja sua pessoa mais difícil**
>
> Voltar-se para si mesmo pode ser a parte mais difícil deste exercício. Sua mente pode começar a divagar ou você pode ficar muito sonolento. Seja curioso, observe como sua mente se distrai facilmente quando confrontada com emoções fortes ou desconforto, principalmente quando você tenta gerar compaixão para si mesmo. (Curiosamente, quando este exercício foi trazido das práticas orientais para o Ocidente, os instrutores pediam que seus alunos começassem consigo mesmos e depois expandissem. Os ocidentais acharam isso muito difícil – por isso a ordem foi invertida.)

Tudo sobre nós

Há muitos aspectos da vida moderna que dificultam nossa capacidade de sermos compassivos. Contudo, sua prática lhe mostrou que mesmo as pequenas mudanças na forma com que você se trata podem ter efeitos cascata surpreendentes sobre aqueles que estão ao seu redor.

Nosso treino para permanecermos diretamente com nossa experiência corporal, enquanto geramos pensamentos compassivos e sentimentos, energiza nossa ínsula – mudando toda uma rede de regiões cerebrais responsáveis pela regulação emocional, compaixão e empatia.

Sucessivamente, à medida que reconhecemos nosso próprio sofrimento e somos compassivos em relação a isso, conseguiremos sentir mais empatia pelos outros, aumentando nossa conexão com

> A menor das ações de atenção plena pode ter um efeito cascata em todos ao seu redor.

toda a humanidade. Nesse ponto, a vida se torna menos "é tudo sobre mim" e mais "'tudo sobre nós" – uma mudança que tem um profundo efeito sobre a saúde e o bem-estar de nossa sociedade como um todo.

Agora tudo que resta é que você continue praticando. Acima de tudo, nunca desista. Você provavelmente terá momentos de dúvida ao longo do caminho, horas em que tudo parece exigir muito esforço, quando você é tentado a desistir e voltar para suas velhas e inúteis formas de pensar e agir. Nesses momentos, simplesmente faça uma pausa e anime-se – tudo isso é parte necessária do processo de aprendizado. Apenas se lembre de até onde chegou, e continue. Seja sempre bondoso consigo mesmo. Embora a jornada nem sempre seja fácil, não pode deixar de ser gratificante. Cada passo que você dá no caminho da atenção plena traz você mais perto da paz e da felicidade duradouras, a verdadeira liberdade da mente.

Onde você está agora

Parabéns! Você acaba de completar o primeiro estágio de seu treinamento de atenção plena. Espero que este guia tenha lhe dado um gostinho de como as coisas podem ser diferentes quando você ousa estar mais presente em sua vida. Lembre-se sempre de manter o *corpo em mente* e a *mente no corpo*. Seu corpo é sua chave para o momento presente, e o momento presente é tudo o que você realmente tem.

Adivinha? É hora de voltar para o começo! Se você já fez os exercícios, posso garantir que a mente que você tinha quando se envolveu com esse material no começo deste livro não é a mesma mente que você tem agora. Voltar para a aula dos iniciantes é o que fazemos nas artes marciais, com todos os faixas preta. Eles não apenas ficam realmente surpresos quando revisitam os exercícios básicos de uma nova perspectiva, descobrindo muita riqueza e profundidade como resultado, como também têm a oportunidade de ver se conseguem continuar se envolvendo com os olhos curiosos de uma criança. Boa sorte!

Leitura complementar e outras fontes

Treinando com Tamara

O interesse particular da dra. Tamara Russell é a incorporação da atenção plena, e esse é o ponto central de seus dois programas de treinamento: BMT – Body in Mind Training (Treinamento do Corpo na Mente) e A Arte da Atenção Plena, que são oferecidos como cursos e treinamentos curtos para o público em geral, escolas e empresas e no setor de saúde.

BMT: para mais informações sobre o assunto e como o BMT pode dar suporte para seu trabalho nas áreas de saúde, educação e empresarial, acesse o site: <www.drtamararussell.com>.

A Arte da Atenção Plena: esses cursos de treinamento de cinco semanas, workshops, palestras, eventos ao vivo e outros projetos artísticos têm o objetivo de ajudar as pessoas a encontrar suas próprias formas de viver, todos os dias, com atenção plena. O programa explora o relacionamento entre atenção, criatividade e arte, e é uma parceria criativa com a Run Riot Projects.[92] Acesse o site: <www.artofmindfulness.org>.

---

92. N.T.: Projeto iniciado em 2004, com o objetivo de promover eventos não convencionais, para grupos de leitores, amigos e colegas que trabalham nas artes, música, teatro, dança e mídia.

Sugestão de alguns livros e sites de internet inspiradores

Blakeslee, S. & Blakesell, M. (2007). *The Body Has a Mind of Its Own*. Random House.

Brach, T. (2007). *Radical Acceptance*. Bantam. Disponível em: <www.tarabrach.com>.

Chödrön, P. (2004). *Comfortable with Uncertainty*. Shambhala. Disponível em: <www.pemachodronfoundation.org/articles/>.

Doidge, N. (2008). *The Brain that Changes Itself*. Penguin.

Frantzis, B. (2012). *Bagua and Tai Chi*. Blue Snake.

Gladwell, Malcolm (2005). *Blink*. Penguin.

Halifax, J. (2008). *Being with Dying*. Shambala.

Honore, C. (2005). *In Praise of Slowness*. Harper Collins. Disponível em: <www.carlhonore.com/books/in-praise-of-slowness>.

Iacoboni, M. (2009). *Mirroring People*. Picador.

Kahneman, D. (2012). *Thinking Fast and Slow*. Penguin.

Nabben, J. (2014). *Influence*. Pearson.

Tolle, E. (2011). *The Power of Now*. Hodder and Stoughton. Disponível em: <www.eckharttolletv.com>.

Totton. N. (ed.) (2005). *New Dimensions in Body Psychotherapy*. Open University Press.

Wallace, B. A. (2006). *The Attention Revolution*. Wisdom. Disponível em:<www.alanwallace.org>.

Índice Remissivo

A

Aceitação 33, 66, 138, 175, 181, 182, 183
Alucinações auditivas 15
Ansiedade 16, 36, 48, 59, 77, 90, 137, 146, 176, 193
Apego
   emoções positivas 168
Aperto dos olhos 120
Aprendizado conceitual 19, 24
Aprendizado incorporado 7, 39, 40
Aprendizado incorporado na infância 7, 19, 21, 24, 37, 39, 40, 42, 43, 115, 154, 176, 198
   conceitual por meio do cérebro 7, 19, 21, 24, 37, 39, 40, 42, 43, 115, 154, 176, 198
Aqui e agora 75
Área motora pré-suplementar (pré-SMA) 94, 95
   (pré-SMA) 94, 95
Artes 9, 11, 13, 14, 15, 16, 19, 21, 23, 24, 37, 38, 98, 122, 142, 155, 158, 160, 177, 193, 199, 200
Artes marciais 9, 11, 13, 14, 15, 16, 19, 21, 23, 24, 37, 38, 98, 122, 142, 155, 158, 160, 199
Atenção de alerta 110
Atenção excessiva 120
Atenção executiva 49, 112
Atenção plena, definição 9, 11, 12, 13, 14, 15, 16, 17, 18, 19, 21, 23, 24, 26, 28, 31, 32, 33, 37, 38, 43, 45, 47, 49, 52, 53, 56, 58, 59, 62, 63, 67, 70, 71, 72, 77, 79, 81, 84, 86, 87, 88, 90, 91, 92, 95, 101, 102, 104, 107, 109, 111, 112, 113, 117, 119, 120, 121, 123, 137, 138, 141, 146, 147, 149, 150, 151, 152, 154, 159, 161, 162, 163, 164, 165, 166, 167, 171, 172, 176, 177, 178, 179, 181, 182,

188, 189, 192, 193, 195, 197, 198, 199, 200
Atenção plena na respiração 88
Atenção plena nas solas dos pés 138
Atenção plena no rosto 121, 195
Atitude 24, 86, 87, 179, 189
Atividade neural pré-consciente 94
Autoaceitação 177
Autocompaixão e economia de energia do cérebro 16, 90, 175, 176, 177, 179, 188
Autocompreensão 7, 18, 21, 22, 145
Aversão 168, 193

B

Batchelor, Martine 159
Bebês 98, 99
BMT e a incorporação 7, 11, 12, 13, 14, 15, 16, 17, 18, 19, 20, 21, 22, 26, 28, 36, 37, 38, 39, 42, 43, 67, 78, 83, 92, 95, 100, 107, 109, 114, 115, 123, 143, 159, 179, 188, 192, 195, 200
Boca 68, 69, 89, 94, 117, 118, 119, 121, 134, 169, 182
Bochechas 117, 118
Bondade 86, 147, 168, 181, 182, 189, 194, 195
Bondade amorosa 194
Budismo 31, 84

C

Cabeça para a esquerda e para a direita 102
Café da manhã 59, 60
Caminhar 50, 52, 63, 86, 101
Cerebelo 51
Cérebro 7, 10, 16, 19, 21, 22, 23, 24, 26, 33, 35, 36, 40, 41, 42, 43, 51, 57, 61, 65, 66, 67, 68, 70, 71, 76, 77, 81, 87, 93, 94, 95, 96, 98, 103, 107, 112, 115, 116, 118, 120, 123, 126, 127, 134, 136, 137, 143, 145, 146, 151, 156, 162, 164, 166, 173, 177, 178, 179, 184, 191, 192, 193, 194
Cérebro sob estresse 137
Chi kung 37, 169, 188
Cognição social 14, 15
Compaixão 23, 29, 90, 175, 178, 179, 181, 182, 188, 189, 190, 191, 192, 194, 195, 196, 197
Compaixão no cérebro 194
Comportamentos, inibir os 66
Concentração, sustentação 112, 120
Conectando música e emoção 95, 185
Conecte-se com 64
Confiança 14, 77, 138, 141, 184
Confusão 17, 92
Consciência 13, 14, 18, 19, 20, 23, 24, 26, 27, 33, 37, 38, 39, 40, 53, 64, 70, 71, 73, 75, 77, 78, 80, 85, 86, 87,

90, 91, 94, 95, 96, 98, 102,
119, 121, 131, 146, 148,
149, 175, 176, 179, 181,
192
Consciência consciente 94
Consciência corporal 14, 23, 73,
96
Contágio de emoção 120
Coragem, compaixão 11, 29, 76,
77, 182, 188, 189, 212
Corpo 1, 3, 7, 9, 10, 11, 12, 13,
14, 15, 16, 17, 19, 20, 21,
22, 23, 24, 27, 28, 31, 32,
33, 35, 37, 38, 39, 40, 41,
43, 45, 47, 48, 49, 51, 52,
53, 54, 55, 58, 59, 60, 61,
64, 65, 70, 71, 73, 74, 75,
76, 77, 78, 79, 80, 81, 84,
85, 86, 89, 91, 92, 94, 95,
96, 100, 101, 104, 105, 106,
109, 112, 113, 114, 115,
116, 117, 121, 122, 123,
125, 126, 128, 129, 130,
131, 133, 134, 135, 138,
139, 143, 147, 148, 149,
151, 152, 155, 156, 157,
163, 165, 166, 167, 169,
171, 172, 177, 178, 179,
183, 184, 185, 186, 187,
188, 189, 190, 191, 192,
194, 195, 196, 199
Córtex cingulado anterior 112,
192
Córtex frontal inferior 67
Córtex frontal medial 112
Córtex motor 71, 94, 96

Córtex motor primário 71
Córtex pré-frontal medial 151,
166
Córtex pré-frontal ventrolateral
67, 151
Córtex somatossensorial 70, 71,
115, 191, 192
Criatividade 193
Culpa, suprimir 66
Cultura, compaixão na 7, 31,
160, 188
Cultura do consumismo 160
Curiosidade 11, 24, 29, 43, 58,
73, 78, 97, 98, 105, 134,
149, 158, 194

D

Dando boas-vindas a tudo 42,
167, 183, 189
Defasagem cabeça-coração 166
Dentes 59, 118, 119, 121
Depressão 16, 32, 36, 66, 90, 176
Depressor do lábio inferior 119
Desacelerar 7, 13, 48, 52, 59, 65,
81, 104, 151
Desafio de desacelerar 7, 48
Desafios 10, 32, 38
Desagradável 79
Desatenção 88
Desconforto 27, 58, 63, 88, 102,
169, 171, 185, 196
Desenvolvimento cerebral
e interrupção de emoção 35
Desenvolvimento na 13, 16, 18,
24, 35, 43, 45, 51, 62, 95,
98, 99, 100, 111, 149

Detector de intenção 100
Disciplina 110, 126, 161
Dispositivos eletrônicos 48
Doença de Parkinson 35, 36
Doenças neurodegenerativas 35
Dor 16, 27, 28, 35, 102, 109, 123, 126, 166, 190
Dor crônica 16

E

Efeito Stroop 127
Ego 13, 187
Eliminar e suprimir a negatividade 90
E-mails 110, 148
Emoções 7, 33, 36, 43, 53, 58, 61, 65, 66, 67, 68, 69, 76, 77, 78, 79, 80, 91, 109, 112, 115, 120, 121, 123, 136, 137, 138, 141, 143, 151, 159, 160, 165, 166, 168, 173, 176, 177, 181, 182, 184, 186, 187, 188, 189, 190, 191, 192, 193, 195, 196
Empatia 23, 59, 96, 99, 166, 190, 193, 197
Empolgação 59, 76, 168
Equanimidade 194
Equilíbrio 24, 65, 66, 131, 133
Escaneamento do corpo 114
Espaço, criando espaço em sua mente 7, 10, 22, 49, 52, 53, 54, 60, 67, 69, 91, 99, 143, 147, 151, 175, 178, 183, 184, 185, 186, 187, 190, 195
Esquiva 78
Esquiva emocional 78
Esquizofrenia 14, 15, 120
Estado de espírito 26, 36, 45, 80, 90, 121, 193
Estresse 16, 32, 99, 119, 136, 137, 141, 152, 166, 176, 184
Estressores 79, 189
Eu, focando em si mesmo 9, 10, 11, 13, 14, 15, 19, 20, 21, 22, 24, 26, 27, 28, 42, 48, 52, 61, 84, 85, 87, 90, 123, 152, 159, 163, 181, 187, 190, 196
Eventos, tempo e sequência de 51, 61, 62, 121, 152, 200
Excitação 193
Exercícios 5, 15, 17, 21, 23, 26, 27, 28, 36, 38, 39, 42, 43, 45, 64, 67, 71, 81, 83, 89, 95, 100, 101, 109, 114, 126, 146, 154, 179, 199
Experiência emocional 36, 66, 151, 168
Expressão carrancuda 121
Expressões, faciais 115, 119, 120, 121

F

Falar, pausar antes de 28, 68, 69, 83, 115, 119, 127
Fases de transição, intenções e 91

Fatores externos, lidando com
50, 52, 81, 152
Fella, Andrea 181
Filosofia taoísta 49, 87
Frantzis, Bruce 187, 201
Frustração 79, 109, 152, 154,
155, 156
Funções ordenatórias superiores
36
Furar a fila 79

H

Hábitos 7, 22, 52, 58, 141, 146,
147, 149, 152, 153, 154,
158, 161, 162, 163, 164,
168, 169, 172, 173, 175,
180, 187
Hábitos mentais 7, 22, 141, 146,
147, 149, 152, 154, 162,
163, 168, 173, 175
Hábitos mentais e o cérebro 7,
22, 141, 146, 147, 149, 152,
154, 162, 163, 168, 173,
175
Hipótese de feedback facial 121
Holofote da atenção
treinamento da atenção 7, 122
Humor 80, 121, 159, 161

I

IAA (intenção, atenção e atitude) 86, 87
Imagens 4, 37, 49, 71, 72, 73, 85,
92, 147, 148, 185, 191, 195
Incerteza 92, 160, 189, 193
Incorporação 39, 40, 200

Inibição cognitiva e movimento
66, 68
Inibição motora 65, 66, 67, 134
Inquietação 92, 189
Ínsula 77, 166, 191, 192, 197
Intenção, atenção e atitude
(IAA) 7, 9, 22, 33, 37, 81,
83, 84, 85, 86, 87, 88, 89,
90, 91, 92, 93, 94, 95, 96,
97, 98, 99, 100, 101, 102,
103, 104, 105, 107, 117,
125, 134, 135, 147, 148,
151, 155, 156, 163, 169,
184, 188, 196
Inveja 154
Ioga 38
Irritação 79, 154

J

Julgamento 74, 86, 123, 127, 159,
163, 167, 177, 178, 180,
181, 193

K

Kabat-Zinn 15, 18, 31, 32
King's College London 19
Kung fu 13, 24, 26
Kung fu Shaolin 13

L

Lábios 68, 118, 119, 121
Leitura da mente 99
Ler a mente 99
Língua 4, 68, 118
Lobos frontais 94, 136, 137, 192
Lobos parietais 66, 67

Locomoção 35, 98
Longo do tempo 17, 33, 54, 59, 63, 72, 75, 77, 79, 90, 95, 105, 139, 151, 156, 166

M

Macaco analítico 160, 165
Macaco da comparação 160
Macaco da "obrigação" 160
Macaco da repetição 159
Macaco do julgamento 159, 180
Macaco do planejamento 160
Macaco que sonha acordado 159
Macacos mentais 7, 23, 158, 160, 161, 168, 173, 178, 183, 184
   e sensações 7, 23, 158, 160, 161, 168, 173, 178, 183, 184
Macquarie University, Austrália 15
Mãos 28, 43, 49, 54, 64, 72, 73, 85, 115, 116, 117, 128, 132, 133, 157, 170, 185, 191, 195, 196
Massachusetts University 15
MBCT (sigla em inglês para Terapia Cognitiva Baseada na Atenção Plena 15, 17, 19, 32, 114
MBSR (sigla em inglês para Redução do Estresse Baseada na Atenção Plena 15, 17, 18, 19, 32, 38, 114
Meditação e atenção 1, 3, 9, 11, 12, 16, 17, 20, 27, 31, 32, 33, 43, 47, 53, 67, 77, 84, 86, 96, 102, 112, 126, 127, 165, 181, 191, 192, 194
Meditação no corpo em movimento 1, 3, 9, 11, 12, 16, 17, 20, 27, 31, 32, 33, 43, 47, 53, 67, 77, 84, 86, 96, 102, 112, 126, 127, 165, 181, 191, 192, 194
Meditar no corpo em movimento 20
Medo 76, 78, 119, 152, 177, 179, 186, 187, 189, 193
Meio do cérebro 21
Memórias 37, 71, 72, 94, 147, 148, 185, 195
Mente 7, 10, 11, 12, 13, 14, 15, 19, 20, 22, 23, 26, 27, 28, 31, 32, 33, 35, 37, 38, 39, 40, 41, 48, 49, 52, 53, 56, 57, 59, 60, 62, 66, 69, 70, 71, 72, 73, 74, 75, 76, 79, 84, 85, 86, 87, 88, 91, 92, 96, 97, 98, 99, 105, 106, 111, 112, 117, 119, 120, 121, 122, 123, 125, 134, 135, 139, 141, 146, 147, 148, 149, 150, 151, 152, 156, 157, 159, 160, 163, 165, 166, 167, 168, 171, 175, 177, 178, 179, 183, 184, 185, 186, 187, 188, 190, 191, 195, 196, 199
Mente de principiante 150
Mente divagante 112, 146
   e o movimento de atenção plena 112, 146
Mergulhar no corpo 47, 71

Mindfulness secular 11, 15
Morder a língua 68
Motivação 19, 26, 33, 36
Movimento inibindo movimentos 7, 9, 11, 12, 13, 15, 16, 17, 19, 20, 21, 24, 27, 28, 31, 33, 35, 36, 37, 38, 39, 40, 45, 51, 53, 54, 55, 56, 57, 58, 61, 63, 64, 65, 66, 67, 69, 70, 71, 72, 78, 80, 83, 84, 85, 86, 90, 93, 94, 95, 96, 98, 99, 100, 102, 104, 105, 106, 107, 111, 114, 117, 125, 128, 129, 130, 131, 132, 133, 134, 135, 138, 139, 140, 141, 149, 156, 157, 167, 171, 185, 186, 187, 188, 191
Movimentos corporais e respiração 64
Mudando o foco de atenção do holofote 91, 173, 179, 195, 197
Músculos da mandíbula 120
Músculos faciais 54, 58, 69, 73, 94, 95, 102, 104, 105, 110, 115, 118, 119, 120, 125, 133, 145
Música, conectando música e emoção 167, 177, 200

N

Nado de costas 54, 56, 57, 97
Não compaixão 179, 181, 182, 188
Não fazer 189
Não julgar 86
Narinas 118, 119, 134
Nariz 89, 117, 118, 125, 134, 169
Natureza 37, 39, 41, 49, 50, 59, 98, 102, 158, 189, 190
Negatividade 177
Neurociência 7, 11, 12, 13, 16, 19, 21, 23, 24, 31, 33, 35, 39, 42, 43, 47, 93, 151
Neurociência cognitiva incorporada 7, 11, 12, 13, 16, 19, 21, 23, 24, 31, 33, 35, 39, 42, 43, 47, 93, 151
Neurônios Von Economo 71, 96, 98, 192, 193
Neuroplasticidade 43

O

Objetivo 42, 71, 83, 84, 85, 94, 115, 117, 118, 125, 167, 200
Observação 31, 49, 64, 71, 99, 149, 184, 185
Observação de pássaros 149
Olhos 10, 23, 24, 58, 64, 70, 74, 75, 103, 105, 106, 117, 118, 119, 120, 125, 128, 138, 147, 150, 171, 199
Olhos de uma criança 23, 58, 74
Ombros, aliviando a tensão nos 54, 73, 104, 105, 117, 128, 130, 132, 133, 134, 156, 171
Orelhas 117, 118
Oxford University 15

P

Paciência 146, 161, 163
Pálpebras 118
Pausa 22, 47, 48, 49, 57, 59, 60, 69, 76, 102, 104, 129, 130, 135, 145, 163, 166, 187, 188, 198
Pensamentos 7, 27, 33, 35, 36, 37, 39, 40, 51, 58, 59, 62, 65, 66, 68, 71, 85, 91, 92, 96, 99, 100, 112, 120, 123, 146, 147, 148, 164, 167, 171, 176, 177, 178, 179, 180, 181, 185, 197
Pensar com clareza 33, 137
Persistência 161, 168
Perspectiva 11, 12, 16, 43, 85, 96, 184, 199
Pés 54, 73, 74, 75, 116, 128, 131, 138, 139, 140, 141, 142, 171, 186
Piloto automático 10, 13
Poesia 177
Postura, aperfeiçoando 33, 37, 38, 54, 73, 74, 86, 92, 99, 100, 103, 128, 130, 139, 163, 169, 170, 171
Postura em pé 54, 128
Postura tomada dois 73
Prática, a importância da 7, 11, 13, 14, 15, 16, 17, 18, 19, 20, 21, 22, 24, 26, 27, 28, 31, 32, 33, 35, 37, 38, 41, 42, 45, 52, 53, 59, 61, 63, 66, 68, 69, 72, 73, 75, 77, 78, 81, 84, 86, 87, 88, 89, 90, 91, 95, 96, 101, 102, 107, 109, 111, 112, 113, 115, 117, 121, 123, 125, 126, 127, 133, 141, 145, 146, 148, 149, 152, 158, 159, 160, 163, 165, 178, 180, 181, 182, 184, 187, 188, 195, 197
Práticas sentadas 16, 27
Problemas de saúde mental 189
Processos inibitórios 65, 67

Q

Quatro pensamentos imensuráveis 31, 194
Queixo, foco no seu 103, 117, 118, 119, 157

R

Raiva 59, 66, 79, 123, 151, 166, 190
Reatividade 183, 185
Receptividade 24
Redução de Estresse Baseada na Atenção Plena (MBSR) 15, 114
Reflexão 150
Rejeição, medo de 193
Relaxamento 17, 55, 56, 104, 122, 178
Relógio do agora 52, 75
Respiração 64, 75, 88, 89, 93, 101, 111, 118, 128, 134, 148, 160, 169, 186, 187
Respondendo 77, 112, 143, 181
Rio do Porquê 165

Rosto e o cérebro 28, 43, 55, 63, 75, 102, 104, 114, 115, 116, 117, 118, 119, 120, 121, 122, 123, 125, 159, 171, 191, 195, 196
Rótulos 72, 75, 79, 106, 147, 148
Ru ding 187
Rumi 177

S

Sati
   e tipos de atenção 84
Saúde mental 16, 17, 32, 176, 189, 190
Segurar a bola 128, 134, 169
Segurar a bola na altura dos ombros 128
Seixo 91, 92
Sensações 13, 18, 23, 27, 28, 31, 33, 36, 37, 38, 48, 53, 56, 57, 58, 59, 60, 61, 62, 63, 64, 70, 71, 72, 73, 74, 75, 76, 77, 79, 80, 81, 85, 92, 99, 103, 104, 105, 106, 112, 114, 115, 117, 118, 119, 125, 131, 132, 133, 134, 138, 139, 141, 147, 148, 151, 165, 166, 167, 171, 176, 178, 179, 184, 185, 186, 191, 192, 194, 195, 196
Sensações mentais, classificação 33, 37, 104, 148, 179
Sensações puras do corpo 70, 76, 81, 194

Sentimentos 33, 35, 36, 37, 66, 76, 79, 112, 120, 123, 138, 147, 151, 152, 155, 159, 165, 176, 179, 181, 189, 190, 194, 195, 197
Sequência de eventos 51, 61
Sistema límbico 136, 137, 151, 164
Sistema motor 35, 65, 66, 93
Sistema nervoso 65
Sobrancelhas 117, 118
Som, atenção plena ao 110, 147, 148
Sorrir 26, 119, 120, 121, 195, 196
Sorrir com o coração 26
Stroop, John Ridley 127

T

Tai chi 14, 20, 22, 26, 36, 37, 38, 41, 54, 64, 66, 84, 85, 87, 98, 103, 123, 128, 133, 139, 142, 152, 154, 156, 169, 185, 188
Tai Chi Clássico 88
Tamanho da ínsula 77
Tao Te Ching 49
Tecnologia 48, 79, 162, 188
Tempo, passagem do 7, 9, 10, 13, 15, 16, 17, 20, 24, 28, 29, 32, 33, 48, 49, 51, 52, 53, 54, 56, 59, 61, 62, 63, 64, 65, 69, 72, 75, 77, 78, 79, 80, 88, 90, 91, 95, 96, 100, 102, 105, 115, 120, 131, 133, 139, 146, 147, 148, 151, 152, 156, 157, 163,

166, 172, 188, 190, 194, 213
Temporal, músculo 51, 119, 147, 192
Tensão 27, 54, 55, 56, 73, 113, 119, 120, 189, 190
Teoria yin e yang 87
Terapia Cognitiva Baseada na 15, 114
Testa 117, 120, 171
Tipos de atenção 110, 111, 114
Tomada de decisão, intenções 84, 104
Trabalho, pausa no 5, 14, 15, 16, 19, 20, 26, 31, 32, 38, 40, 42, 49, 59, 60, 75, 104, 111, 117, 127, 133, 138, 145, 152, 158, 176, 180, 181, 188, 190, 196, 200
Tudo sobre mim 164, 166, 168, 184, 192, 198

U

Universidade das Índias Ocidentais 19
University College London 14

V

Vá fundo 184
Vício 168, 189
Visão budista da mente 40

X

Xícara de chá e pincel 156

Agradecimentos da autora

Escrever este livro foi uma verdadeira montanha-russa de momentos, muitos deles extremamente desatentos! Mas esse processo só aprofundou meu desejo e intenção de continuar a abraçar minha desatenção para desenvolver maior atenção plena e mais compaixão. São o *ying* e o *yang* funcionando. Estou em dívida com minha família e muitos amigos e apoiadores que me ajudaram em vários pontos dessa jornada, especialmente Sam Russell, que tem sido uma fonte de gentileza e paciência. Agradecimentos especiais aos meus professores, de artes marciais e atenção plena, que me deram orientação e apoio, muitas vezes de formas inesperadas, mas sempre tendo em mente meu desenvolvimento como praticante. Eu sei que pode levar anos para entender completamente uma frase que tenha ouvido mil vezes e que pensou ter entendido; sou grata pela paciência deles. Sou também eternamente grata aos meus professores "informais": aqueles pacientes e clientes que conheci em treinamentos, cursos e trabalho terapêutico. Tenho a honra de compartilhar um espaço de autodesenvolvimento com eles; sua coragem em usar e experimentar as técnicas de atenção plena me inspirou em meu trabalho e prática pessoal. Um agradecimento aos muitos colegas acadêmicos e amigos do Instituto de Psiquiatria, Psicologia e Neurociências do King's College de Londres, que me escutaram e me apoiaram em muitos bate-papos formais e informais, os quais ajudaram a moldar minhas ideias ao longo dos anos. Colegas e amigos em Barbados, Brasil e Brockwell Park contribuíram imensamente com meu trabalho de maneiras difíceis de descrever – oferecendo-me espaço, acomodação, discussão, reflexão, um lugar para descanso, treinamento, criatividade e tempo para tirar meus períodos minisssabáticos necessários para pensar e planejar este trabalho. Um outro obrigado imenso vai para Jo Childs, cuja revisão do livro reduziu imensamente as divagações incoerentes e chegou a algo com mais clareza e vigor. Obrigada também à equipe da Watkins por sua perseverança, paciência e profissionalismo.

Créditos das fotos

O editor gostaria de agradecer às seguintes pessoas, bibliotecas de fotografia, museus e galerias pela permissão de reprodução de seus materiais. Quaisquer erros ou omissões são totalmente não intencionais e o editor, se informado, fará as devidas correções nas futuras edições deste livro:

Página 22 Chrissie Baldwin/makingwavesglobal
Página 25 Cecile Lavabre/Getty Images
Página 41 Billy Hustace/Getty Images
Página 50 Neil Ephgrave/Alamy
Página 61 Tom Walker/Getty Images
Página 69 Dan Kosmayer/Shutterstock
Página 78 Mana Photo/Shutterstock
Página 101 Igor Normann/Shutterstock
Página 124 Karl Johaentges/LOOK-foto/Getty Images
Página 149 Mike Hill/Getty Images
Página 154 Chrissie Baldwin/makingwavesglobal
Página 162 IM_photo/Shutterstock
Página 182 Dominic Sansoni/Imagestate Media Partners Limited – Impact Photos/Alamy
Página 190 XiXinXing/Getty Images
Página 197 Nejron Photo/Shutterstock

MADRAS® Editora

CADASTRO/MALA DIRETA

Envie este cadastro preenchido e passará a receber informações dos nossos lançamentos, nas áreas que determinar.

Nome _____
RG _____ CPF _____
Endereço Residencial _____
Bairro _____ Cidade _____ Estado _____
CEP _____ Fone _____
E-mail _____
Sexo ❏ Fem. ❏ Masc.   Nascimento _____
Profissão _____ Escolaridade (Nível/Curso) _____

Você compra livros:
❏ livrarias   ❏ feiras   ❏ telefone   ❏ Sedex livro (reembolso postal mais rápido)
❏ outros: _____

Quais os tipos de literatura que você lê:
❏ Jurídicos   ❏ Pedagogia   ❏ Business   ❏ Romances/espíritas
❏ Esoterismo ❏ Psicologia   ❏ Saúde   ❏ Espíritas/doutrinas
❏ Bruxaria   ❏ Autoajuda   ❏ Maçonaria   ❏ Outros:

Qual a sua opinião a respeito desta obra? _____
_____

Indique amigos que gostariam de receber MALA DIRETA:
Nome _____
Endereço Residencial _____
Bairro _____ Cidade _____ CEP _____

Nome do livro adquirido: ***Mindfulness: Atenção Plena no Movimento***

Para receber catálogos, lista de preços e outras informações, escreva para:

MADRAS EDITORA LTDA.
Rua Paulo Gonçalves, 88 – Santana – 02403-020 – São Paulo/SP
Caixa Postal 12183 – CEP 02013-970 – SP
Tel.: (11) 2281-5555 – Fax.:(11) 2959-3090
www.madras.com.br

MADRAS® Editora

Para mais informações sobre a Madras Editora,
sua história no mercado editorial
e seu catálogo de títulos publicados:

Entre e cadastre-se no site:

www.madras.com.br

Para mensagens, parcerias, sugestões e dúvidas, mande-nos um e-mail:

marketing@madras.com.br

SAIBA MAIS

Saiba mais sobre nossos lançamentos,
autores e eventos seguindo-nos no facebook e twitter:

@madrased

/madraseditora